本书由中国旅游研究院博士后文库项目
资助出版

航空和旅游产业融合发展的动因、路径与模式研究

侯平平 著

中国旅游出版社

内容简介

旅游业的快速发展为航空客运提供了大量客源，成为带动航空客运量增长的重要力量；航空产业优化了旅游产业发展的基础条件，为消费者提供了更快捷的交通，推动目的地旅游经济繁荣。航空和旅游产业融合发展是必然的，二者相互影响、相互促进。在实践层面，相关政府部门、行业协会、航旅企业等已经认识到航旅融合的重要性，从政策支持、成立航旅协会、开展航旅融合业务等多个方面发力，推动航空和旅游产业融合的高质量发展。就学术研究而言，目前鲜有关于航空产业和旅游产业融合的相关研究，对航空和旅游产业融合的动因、路径和模式等问题还缺乏系统探究。对这些问题的剖析，能为政府管理部门、航空和旅游企业提供有针对性的管理启示，推动航空产业和旅游产业融合度的提高，进一步促进航空旅游市场的可持续发展。

本研究基于价值链理论、产业链理论和产业融合理论，采用理论分析、综合分析和案例研究等方法，重点探究“为什么融合”——研究航空和旅游产业融合的动因、“怎么样融合”——挖掘航空和旅游产业融合的路径、“融合模式是什么”——分析航空和旅游产业融合的模式、“怎么办”——提出推动航空和旅游产业融合发展的实践对策。

本研究遵循提出问题—分析问题—解决问题的思路对航空产业和旅

游产业融合的动因、路径和模式进行剖析。第一，对国内外航空和旅游相关研究文献系统梳理。一是对航空产业、旅游产业、航空产业和旅游产业融合等基本概念进行界定；二是对航空和旅游产业相关研究、产业融合理论等已有研究成果进行剖析和述评，阐明现有研究存在的不足，以及本文的研究问题和创新之处；三是阐明本文所使用的理论，包括价值链、产业链理论、旅游产业链理论等。第二，根据产业融合理论和价值链理论，对航空产业和旅游产业融合机制进行探究，基于对航空产业和旅游产业的关系、融合基础等分析，深入剖析了航空产业和旅游产业融合的内外部动因，并构建航空和旅游产业融合动因理论框架。第三，基于价值链理论和旅游产业链理论等，对航空产业和旅游产业融合模式进行研究。一是对航空产业和旅游产业的融合路径进行分析，构建了航旅产业融合路径模型；二是基于理论分析和案例研究，对航空产业和旅游产业融合的四种模式进行了剖析。第四，基于前文的理论分析，进行案例研究。一是选取途易集团、泰国航空两个企业作为国际案例研究对象，剖析航空和旅游产业融合的国际模式与经验；二是选取春秋集团、上航旅游集团、同程集团三个企业作为国内案例研究对象，春秋集团是典型的由传统旅行社向上游航空产业链延伸的代表，对其航旅融合动因、融合路径和模式等进行分析；上航旅游集团是具有航空基因的传统旅行社，对其航旅融合模式进行深入探究；同程集团是在线旅游企业的典型代表，其通过投资控股湖南航空实现航旅结合，对其航旅融合模式和航旅产品创新进行了研究。第五，在以上研究的基础上，从政府、航空和旅游企业等视角提出推动航空和旅游产业融合发展的建议与对策。

本研究的创新之处包括：一是探究了推动航空和旅游产业融合的动因，构建了航空和旅游产业融合动因的理论分析框架，为后续相关研究提供了解释与分析模型，丰富了航空产业和旅游产业融合的研究内容；

二是构建了航空和旅游产业融合路径作用机制模型，各路径相互影响、相互促进，共同作用于产业融合，在一定程度上丰富了旅游产业融合理论的相关研究，扩大了现有理论的研究范畴与边界；三是对航空产业和旅游产业融合模式进行了理论和案例研究，为航空和旅游产业融合研究提供了新的探索方向和内容；四是本研究基于整体性视角，综合考虑多种理论，对航空和旅游产业融合的动因、路径和模式等系统剖析，丰富了航空产业和旅游产业融合的研究内容和研究范围，为学术理论和实践应用提供了新的思路与方法。

关键词：旅游产业　航空产业　产业融合　融合机制　融合模式

目　录

第 1 章

绪　论

首先，本章对航空产业和旅游产业融合的理论与实践研究背景进行阐释，在此基础上提出本文所要探讨的研究问题。其次，说明本文的研究目的、研究意义与创新之处。最后，阐明研究方法、研究内容、研究思路和技术路线等。

1.1 研究背景与问题提出

本小节将对研究选题的实践背景和理论背景进行深入阐释，从航空和旅游产业发展现状与发展趋势、政府政策等方面剖析本研究选题的实践依据与背景；基于对已有研究的回顾与述评，找出航空和旅游产业融合在理论研究上的不足。在实践和理论分析的基础上，提出本文所要解决的研究问题。

1.1.1 选题背景

1.1.1.1 旅游产业繁荣发展

旅游业已经成为国民经济的战略性支柱产业，为地区经济发展带来了机遇。“十四五”时期，中国经济将继续保持稳定发展，由高速增长阶段转向高质量发展阶段，由中等收入阶段迈向高收入阶段，进入经济发展新时代。在社会经济快速发展的背景下，我国旅游业进入快速发展阶段。旅游业是与航空业紧密相关的产业，民用航空在旅游业中不仅是一种交通运输方式，还是提升旅游体验和丰富旅游资源的重要因素。

虽然新冠肺炎疫情对旅游产业造成了巨大影响，但旅游消费的基本面还在。中国旅游研究院开展的居民出游意愿专项调查数据显示：2022年第一季度居民旅游意愿为85.32%，同比增长3.15%。这意味着旅游需求的基本面还在，并稳定恢复至疫情前水平，旅游消费和休闲度假等弹性需求将会进一步释放。根据文化和旅游部发布的统计数据，2021年，国内旅游总人次32.46亿，比上年同期增加3.67亿，增长12.8%（恢复到2019年的54.0%）。国内旅游收入（旅游总消费）2.92万亿元，比上年同期增加0.69万亿元，增长31.0%（恢复到2019年的51.0%）。人均每次旅游消费899.28元，比上年同期增加125.14元，增长16.2%。2020年国内旅游人数28.79亿人次，比上年同期下降52.1%；国内旅游收入2.23万亿元，同比下降61.1%。图1.1展示了2011—2021年国内旅游人次和国内旅游收入。

1.1.1.2 航空客运量稳步增长

航空客运所具有的快捷、安全、便利、舒适等特点受到游客喜爱，尤其对远距离的旅游来说，航空客运是游客出行的首选交通方式。中国民航局发布的《2019年民航行业发展统计公报》显示，2019年，中国民航旅客运输量65993.42万人次，比上年增长7.90%；国内航线完成

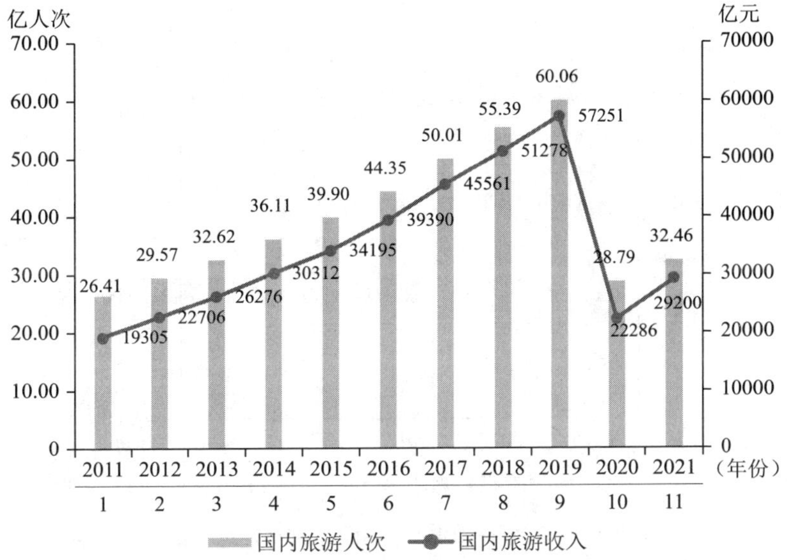

图 1.1　2011—2021 年国内旅游发展情况

资料来源：中国旅游统计年鉴。

旅客运输量 58567.99 万人次，比上年增长 6.9%；其中港澳台航线完成 1107.56 万人次，比上年下降 1.7%；国际航线完成旅客运输量 7425.43 万人次，比上年增长 16.6%[①]。2020 年，全行业完成旅客运输量 41777.82 万人次，恢复到上年同期的63.3%[②]。《“十四五”民用航空发展规划》提出，到“十四五”期末，我国旅客运输量 9.3 亿人次，民用机场数量将达到 770 个，其中民用运输机场 270 个，运输机机场跑道数量达到 305 条，市地级行政中心 60 分钟到运输机场覆盖率 80%。由于航空客运是旅游产业发展所需要的关键交通要素，随着经济的快速发展，越来越多的游客选择乘飞机出行，航空客运与旅游产业融合发展的问题也日益受到业界与学界的关注。

① 2019 年民航行业发展统计公报。
② 2020 年民航行业发展统计公报。

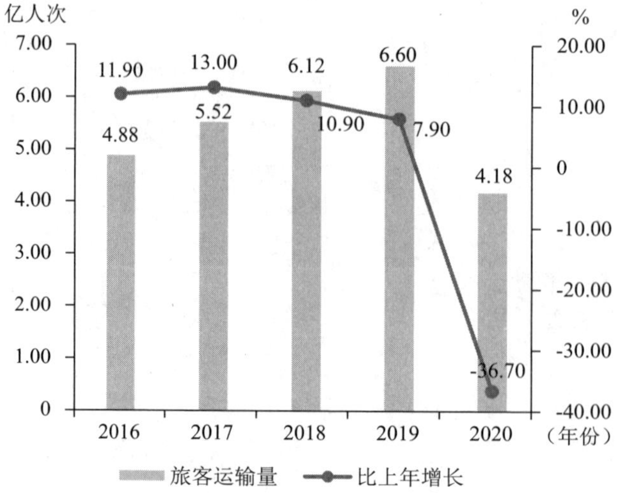

图 1.2　2016—2020 年中国民航旅客运输量

资料来源：2020 年民航行业发展统计公报。

1.1.1.3 推动航空和旅游产业融合是贯彻国家战略

《“十四五”旅游业发展规划》明确指出要推进旅游与交通、体育等领域相加相融、协同发展，延伸产业链、创造新价值、催生新业态，形成多产业融合发展新局面。2017 年，原国家旅游局统计数据显示，游客选择乘坐飞机出游的占比最高，为 36.4%[①]。随着旅游业的快速发展，航空产业与旅游产业在市场开放、旅游便利化趋势下加快融合发展。预计未来 20 年，中国将成为全球航空业新增旅客的主要贡献地，以旅游业为主的市场仍将是航空业发展的天堂（朱晨波，2019）。航空客运是重要的旅游交通运输工具，推动旅游市场的繁荣发展。与其他交通运输工具相比，航空客运具有速度快、便捷等特点，使得人们花费在交通上的时间缩短，有更多的时间参与到旅游活动中；尤其是在国际旅游中，航

① 中国春节将成全球黄金周 出境旅游人次将超 600 万，新华网（xinhuanet.com）。

空客运是旅行者首选的交通方式（Bieger、Wittmer，2006）。此外，旅游产业的发展受到航空业多方面的影响，如国际航空管控政策的变化（Smith、Morrell，2008）、航空口岸与旅游目的地的协同发展（唐勇、傅滢滢、王尧树，2019）、低成本航空的发展（Rey、Myro、Galera，2011）等。在我国经济进入新常态发展背景下，航空公司不断延伸产业链进行资源的优化配置，加快与旅游产业融合；旅游企业也积极往上游航空业拓展，通过二者融合增加旅游产业链价值。基于此，对航空和旅游产业融合发展问题进行探究，具有重要的理论和实践意义。

1.1.1.4 航空和旅游产业融合推动区域旅游发展

航空和旅游产业融合发展已经成为促进区域经济快速发展的重要途径之一。旅游业的快速发展能为航空带来大量消费者，释放航线网络运力，推动区域航线网络更加完善，提升了区域旅游交通的可进入性，并进一步带动其他商务客流、物流、信息流等的流入，推动区域经济发展。航空客运不仅是旅游者出行选择的交通工具（牛明秀、苏勤，2020），航旅融合还能优化旅游产品结构和客源市场，进一步推动旅游产品创新和旅游资源开发，拓展旅游产业范围。航空客运作为推动旅游业发展的重要交通工具，能丰富旅游产品的活动内容，拓宽营销渠道，带动旅游目的地资源开发，促进旅游产业价值链增值。旅游业为航空业发展提供大量游客，旅游目的地和景区开发能推动完善航线网络布局，推动旅游机场建设和旅游航线开辟，提高目的地的可进入性。随着消费者需求向多层面和多样性方向转变，航空和旅游产业融合带来的产品、体验的变革，能更好地满足消费者多元化需求（牛明秀、苏勤，2020）。航旅融合模式不仅能推动区域旅游产业多元化发展，还会进一步拓展旅游产业和航空产业发展空间。航空客运与旅游产业之间具有很强的相互依赖性。一方面，航空客运业为旅游者提供运输服务，节约旅途时间；另一方面，旅游客流增加了航空客运的客源，增加了营业收入（党亚茹、陈韦宏，2011）。研究航空和旅游产业融合，不仅促进两个产业的高质量发展，并为区域旅游业宏观战略政策的制定提供依据。

1.1.1.5 相关地区也重视航空产业和旅游产业融合发展

航空和旅游产业融合的快速发展，也引起了地方政府的重视，开始出台相关措施推动本地区航旅产业融合发展。湖南省推动组建湖南航空旅游发展联盟，由湖南省文化和旅游厅支持，湖南省机场管理集团发起，联合航空公司、旅游协会和知名景区、骨干旅行社、品牌酒店共同组建湖南航空旅游发展联盟（以下简称联盟），形成加快航空文旅协同发展合力。通过航空与旅游资源共享、市场共建、利益共赢等，进一步整合湖南省“航空＋旅游”出行产业链资源，共同推动湖南省航空旅游资源整合、深度合作和协同发展①。青海省推动“旅游+航空”融合发展，打造“航空＋旅游”融合发展新模式。青海省文化和旅游厅与青海机场将围绕《青海省促进航空旅游融合发展实施方案》，引入低空旅游项目、打造“航空＋旅游”产品体系、加大航空旅游宣传推广等，为青海省旅游产业发展注入新的活力和动力②。甘肃省文化和旅游厅坚持把推进航旅融合发展摆在重要位置，加强与航空企业的密切合作，甘肃省文化和旅游厅、甘肃省民航机场集团与浙江长龙航空分别签订了《关于共同推进“航空＋文化旅游”高质量发展的战略合作协议》，完善航线网络布局，合力打造“航空＋旅游”新产品，充分发挥民航业在推动甘肃文化旅游

① 【湖南省文旅厅】航空+旅游 为“锦绣潇湘 ”插上翅膀，http://www.anhua.gov.cn/16/17/21/content_605744.html.

② 青海省文化和旅游厅推动“旅游+航空”融合发展，https://www.mct.gov.cn/whzx/qgwhxxlb/qh/202005/t20200509_853188.htm.

高质量发展中的重要作用①。

1.1.1.6 行业层面重视航空产业和旅游产业融合发展

在行业层面，相关航旅企业也已经认识到航空和旅游产业融合发展的重要性。一是以春秋集团为代表的航旅企业通过旅游业务的发展为航空输送客源。其航空和旅游产业融合的模式，一方面，基于低成本航空 + 旅游业务，打造价格洼地；另一方面，基于航空资源，对目的地的旅游资源进行组合和打包，拓展旅客的自由行市场。此外，春秋集团和首旅如家联手打造新一代中高端交通枢纽连锁酒店品牌“嘉虹酒店”，该酒店主要布局在交通枢纽周边，如机场、高铁站附近，满足出行商旅客人以及航空机组等多样化人群需求。二是以在线 OTA 为代表的旅游企业向上游拓展资源，布局航空旅游。首都航空与途牛旅游携手合作共享机票及旅游目的地资源，深耕旅游市场，创立“首航·途牛假期”品牌，推出更符合大众需求，拥有高性价比的“机票 + 地接”动态旅游产品，革新航空旅游新模式②。通过航空旅游产品创新推动旅游业供给侧改革，满足消费者对高品质旅游产品的需求，激发旅游消费潜力，促进旅游经济发展。携程集团入股东航航空，将推动双方在信息技术、航旅产品研发、机票销售、电子商务、低成本出行、供应商管理、产品营销渠道等方面开展深度合作，通过航旅企业之间的合作，创新旅游产品和营销渠道，不仅能增加企业的发展空间，也能延伸企业的业务价值链③。三是传统的航空公司向上下游产业链布局，打造航空旅游产品。上航旅游集团积极推进航空和旅游融合，打造新的“航空 + 旅游”模式，即“机场全线运营主导的航空大交通 + 旅游产品”的跨界融合。该模式通过全面掌

① “飞天号”“如意号”助力航旅融合插上腾飞翅膀，https://baijiahao.baidu.com/s?id=1705402195212489509&wfr=spider&for=pc.

② 首都航空与途牛战略携手共创航空旅游新模式，航旅网（airtra.cn）

③ 携程入股东航，布局旅游生态圈 --IT，人民网（people.com.cn）

控机场的航线资源，依托上航旅游集团和绿地酒店旅游集团的旅游渠道能力和专业运营能力，整合旅游目的地城市的景区、住宿、交通、餐饮、文化、教育等资源，高效串联旅游产业链上下游，形成良性循环的航旅生态圈，助推旅游目的地城市及周边地区旅游产业高质量发展①。国外的全日空航空公司与洲际酒店集团、希尔顿酒店集团合作经营酒店，打造"航空＋酒店"的模式。

随着航空产业和旅游产业融合发展，一些航旅组织也相继成立。2021 年 8 月，中国旅行社协会航空旅游分会成立，该分会由 129 家来自全国旅行社、航司、机场等航空和旅游相关机构共同发起成立；分会的成立对促进航空企业、机场、旅游目的地、旅游景区和旅游企业之间的合作具有重要作用，能够进一步推动航空产业和旅游产业之间的优势互补、资源共享和互利互惠，开发新的航空旅游产品，创新航空和旅游产业融合的模式，促进航空产业和旅游产业之间的高质量融合②。此外，相关行业会议的成功召开，也推动了航空产业和旅游产业的高质量融合发展。2021 年 12 月，2021 中国航空旅游融合发展高峰论坛在南昌成功举办，该论坛由中国民用机场协会联合中国旅行社协会等单位共同主办；该会议公布将筹建中国民用机场协会航旅分会，相关航空和旅游企业将共同制订实施方案及工作计划，探索以专业化、市场化的模式，推动航旅融合的创新发展③。

1.1.1.7 相关政策进一步促进航旅产业融合发展

在行业重视航旅融合发展的同时，国家有关部门也相继出台了多个相关政策支持航空产业和旅游产业融合发展，见表 1.1。2022 年 1

① 上航旅游与中联航签署战略合作 推进"航空＋旅游"跨界融合（baidu.com）
② 中国旅行社协会航空旅游分会正式成立－协会新闻，中国旅行社协会（cats.org.cn）
③ 2021 中国航空旅游融合发展高峰论坛在南昌召开，腾讯新闻（qq.com）

月，国务院发布的《“十四五”旅游业发展规划》中，明确提出要“推动通用航空旅游示范工程和航空飞行营地建设；优化重点旅游区域机场布局，推进通用航空与旅游融合发展”。2022年1月，国务院发布的《“十四五”现代综合交通运输体系发展规划》中，提出要“探索通用航空与低空旅游、应急救援等融合发展”。为了推动红色旅游的发展，2021年5月，民航局、文化和旅游部发布了《关于促进民航业与红色旅游深度融合创新发展的指导意见》，该《意见》为航空产业和红色旅游融合提出了具体要求，指明了方向，提高了红色旅游目的地的旅游通达性，不仅对推动红色旅游目的地的高质量发展具有重要作用，对促进航空产业和旅游产业深度融合创新发展也有重要借鉴意义。同时，多家航空公司开辟红色旅游线路和红色旅游服务，如东航与多地机场合作，开发“空铁联运”红色旅游旅游产品和服务；春秋航空、海南航空等企业开通多条红色旅游航线，覆盖全国主要革命老区，提高红色旅游目的地的可进入性，让更多的人走进红色旅游目的地。2017年7月，交通运输部、原国家旅游局等六部门联合印发的《关于促进交通运输与旅游融合发展的若干意见》中，明确指出要通过完善航空等快进交通方式，提高旅游通达性的要求。

一系列推动航空和旅游产业融合政策文件的相继出台，不仅表明各级政府部门对航空和旅游产业融合的重视，也说明航空和旅游融合是旅游产业发展的必然趋势。这些政策从宏观上为航空和旅游产业融合发展提供了战略指引、政策保障，也为航空和旅游产业融合的内容、方向、路径等提出了具体要求。总之，各项相关政策的出台，必将促进航空和旅游产业充分发挥各自优势，创新融合模式和内容，实现高质量发展。

表 1.1　相关支持航旅融合的政策文件

年份	发布部门	文件名	主要内容
2022.1	国务院	《“十四五”旅游业发展规划》	“完善低空旅游发展政策，选择一批符合条件的旅游景区、城镇开展多种形式的低空旅游，强化安全监管，推动通用航空旅游示范工程和航空飞行营地建设。优化重点旅游区域机场布局，推进通用航空与旅游融合发展；健全重点旅游景区交通集散体系，鼓励发展定制化旅游运输服务。”
2022.1	国务院	《“十四五”现代综合交通运输体系发展规划》	“有序推进通用机场规划建设，构建区域短途运输网络，探索通用航空与低空旅游、应急救援等融合发展。”
2021.12	中国民用航空局、国家发改委、交通运输部	《“十四五”民用航空发展规划》	“鼓励通用航空发展与旅游资源开发、引导娱乐消费相结合，提供多样化、特色化低空旅游服务产品。”
2021.5	民航局、文化和旅游部	《关于促进民航业与红色旅游深度融合创新发展的指导意见》	“加强民航业与红色旅游的统筹规划、改善红色旅游地区的基础设施条件、提高红色旅游地区航空运输通达性、创新红色旅游航空运输产品供给等措施，明确了加强红色旅游组织领导和宣传推广，加大信息发布、政策解读和经验做法宣传等。”
2019.9	中共中央、国务院	《交通强国建设纲要》	“深化交通运输与旅游融合发展，推动旅游专列、旅游风景道、旅游航道、自驾车房车营地、游艇旅游、低空飞行旅游等发展，完善客运枢纽、高速公路服务区等交通设施旅游服务功能。”
2017.7	交通运输部等部门	《关于促进交通运输与旅游融合发展的若干意见》	“鼓励旅游城市增加至主要客源地直航航线航班，优化旅游旺季航班配置。鼓励按规定开展旅游包机业务。拓展机场、火车站、汽车站、邮轮码头等客运枢纽旅游服务功能，改造升级枢纽内旅游信息服务系统、标识引导系统等设施。支持开发低空旅游线路，鼓励开发空中游览、航空体验、航空运动等航空旅游产品。积极开展通用航空旅游试点，鼓励重点旅游城市及符合条件的旅游区开辟低空旅游航线。推动通用机场建设，建设低空旅游产业园、通航旅游小镇与飞行营地。支持低空旅游通用航空装备自主研制，打造低空飞行旅游装备及配套的专业化生产和产业化应用基地。”

续表

年份	发布部门	文件名	主要内容
2016.5	国务院办公厅	《国务院办公厅关于促进通用航空业发展的指导意见》	“促进通用航空与旅游业结合，在适宜地区开展空中游览活动。在世界自然文化遗产、国家级风景名胜区、重要体育产业基地等地区建设通用机场，促进空中游览、航空体育、飞行培训等发展。”

资料来源：本研究整理。

航空产业和旅游产业融合是必然的，二者的关联程度日益紧密，相互影响和相互促进。旅游业的快速发展为航空客运提供了客源，增加了收入，成为带动航空客运量增长的重要力量；航空产业优化旅游产业发展的基础条件，推动旅游目的地旅游经济的繁荣，给消费者提供了更舒服的旅行。多个政策出台和会议的召开，不仅有助于推动二者的融合发展，更是为航空和旅游融合发展提供了保障。在关注航空产业和旅游产业融合发展的同时，也要关注到二者融合发展面临的问题，如二者的融合路径还不清晰、融合的模式还未进行充分研究等。因此，有必要对航空和旅游产业融合开展更为深入的研究，以期在理论上丰富航空和旅游产业融合的理论内容，在实践上提出推进二者高质量融合发展的建议与对策，为政府部门、航空和旅游企业提供参考。

1.1.2 理论背景

在理论层面，国内外研究存在不同，国外已有研究聚焦于对航空产业和旅游产业的关系、航空客运与旅游发展之间的关系等，国内学者的研究则主要侧重于两者的定性或定量的关联性分析（黄赶祥、张桥艳、宋杨，2017）。学者指出关于旅游产业与其他产业融合的动因、路径和促进产业融合对策的研究也很少（高凌江、夏杰长，2012）。而且关于旅游产业融合的研究主要从融合概念、融合类型、融合效应等研究较多，但缺乏对旅游产业融合的系统研究（高凌江、夏杰长，2012）。基于对已有航空和旅游研究文献的剖析，总结出已有研究存在的不足之处：在研究内容和成果上，目前关于航空和旅游产业融合的研究较少，虽然有少数研究对航空产业和旅游产业的关系进行了研究，但在研究内容上不具有针对性，关于二者融合动因、路径和模式的研究还鲜有。已有研究多从某一方面展开对航空和旅游产业融合的研究，研究成果总体上较为分散、不够系统化和理论化。因此，有必要结合航空产业与旅游产业的行业特点、产品和服务特征，对航空和旅游产业融合的动因、路径和模式进行系统探究。

1.1.3 研究问题

本文主要聚焦于以下两个主要研究问题。

一是剖析航空和旅游产业融合发展的动因。本研究基于产业融合理论，通过对文献的梳理，并结合访谈搜集一手资料，通过理论分析与逻辑推演，系统剖析航空和旅游产业融合的动因。具体来说，将系统探究市场需求、科技进步、人才支持、政策支持、行业竞争、旅游资源等因素对航空和旅游产业融合的影响。

二是探究航空和旅游产业融合发展的路径和模式。基于价值链理论、产业融合理论系统探究航空和旅游产业融合发展的路径和模式。具体来说，本文在文献研究的基础上，选取代表性的航空和旅游产业融合案例，通过访谈收集原始资料，综合分析构建航空和旅游产业融合的路径模型，分析航空和旅游融合的模式。在以上研究的基础上，提出促进航空和旅游产业融合发展的建议与对策。

由图 1.3 可知，本文主要解决 5 个具体研究问题，这 5 个问题层层递进、彼此关联，共同构成本文的理论研究框架。系统解答这些问题，可较为全面地把握航空和旅游产业融合的动因、路径和模式。基于研究结果，分别从政府、航空和旅游企业等视角提出推动航空和旅游产业高质量融合发展的建议与对策。

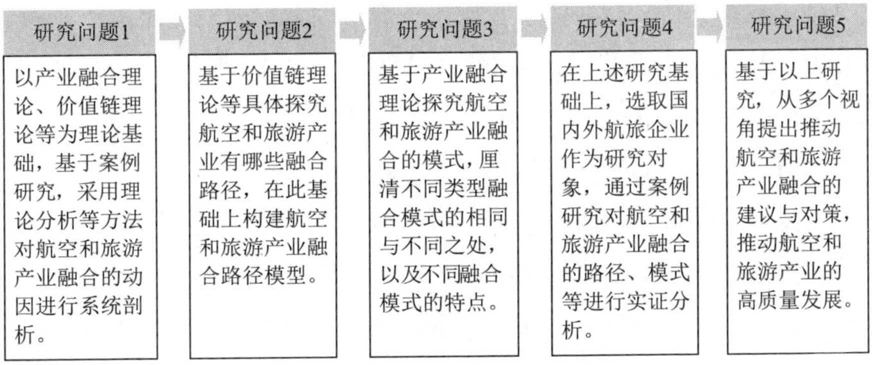

图 1.3 研究需要解决的具体问题

资料来源：本研究整理。

1.2 研究目的、意义与创新

已有关于航空产业和旅游产业的研究较少，对二者融合动因、融合路径和融合模式等都尚未梳理清楚，这在一定程度上会影响航空和旅游产业的发展。因此，探究以上问题对促进航空和旅游产业高质量融合发展具有重要意义。本研究尝试弥补航空产业和旅游产业融合研究的不足，系统剖析航空和旅游产业融合的相关问题，构建航空和旅游产业融合动因模型，厘清航空和旅游产业融合路径，以及航空和旅游产业融合模式，并提出相应的管理启示，为航空和旅游企业提供借鉴与参考。

1.2.1 研究目的

1.2.1.1 厘清航空和旅游产业融合发展动因

研究基于产业融合理论，通过文献回顾、理论分析和综合分析对航空和旅游产业融合动因进行剖析，将系统探究市场需求、科技进步、人才支持、政策支持、行业竞争、旅游资源等因素对航空和旅游产业融合的影响，构建航空和旅游产业融合的动因模型。在理论构建的基础上，采用案例研究对航空和旅游产业融合动因进行实证研究。

1.2.1.2 探究航空和旅游产业融合发展路径

基于价值链理论，通过理论分析和综合分析对航空和旅游产业融合的路径及内在作用机制进行研究，最终构建航空和旅游产业融合的路径及内在作用机制理论分析框架。在理论构建基础上，采用案例研究对航空和旅游产业融合发展路径进行实证剖析。

1.2.1.3 构建航空和旅游产业融合发展模式

本研究采用案例研究方法和理论分析方法，选取代表性的航空和旅游产业融合案例，并通过实地调研和访谈收集一手资料，对航空和旅游产业融合发展的模式进行剖析，通过理论分析厘清不同类型融合模式的相同与不同之处，充分探索与剖析航空和旅游产业融合发展的模式，最终梳理出航空和旅游产业融合发展的不同模式特点。

1.2.1.4 航空和旅游产业融合发展的优化路径和建议对策

基于以上研究，在对航空和旅游产业融合发展的影响因素、路径和模式进行深入探究的基础上，从相关航空和旅游企业、政府管理部门等视角提出科学可行的解决对策、行业政策与产业政策，推动我国航空旅游市场的快速发展，推动航空旅游产业的供给侧改革，满足人民对高质量旅游产品和旅游服务的需求。

1.2.2 理论意义

1.2.2.1 丰富航空和旅游产业融合的理论研究

目前，关于航空产业和旅游产业融合的研究还很不足，对二者融合的动因、路径等缺乏系统解释的理论框架，基于其他行业和产业得出的融合动因、融合路径等研究成果，在一定程度上也不能应用于航空和旅游产业融合的研究。因此，本研究基于价值链理论、产业融合理论等，一是构建航空产业和旅游产业融合的动因模型，二是厘清航空产业和旅游产业融合的路径和模式。本研究在一定程度上丰富了航空和旅游产业融合的理论研究，拓展了产业融合的研究内容和理论深度，进而丰富了产业融合理论框架。

1.2.2.2 拓展产业融合理论研究

对航空产业和旅游产业融合进行研究，是对产业融合理论的丰富与发展，增强了现有理论的研究范畴和研究深度。航空和旅游产业融合已经成为越来越被广泛关注的研究课题，对二者融合的动因、路径和模式等进行研究，不仅能丰富航空产业和旅游产业的研究内容，也在一定程度上拓展了产业融合理论的研究内容和理论的应用范畴。

1.2.3 实践意义

1.2.3.1 培育航空和旅游产业发展的新动能

一是航空和旅游产业融合发展能推动二者资源共享，培育航旅发展新动能，创造出新的航旅产品和业态，带动航旅产业价值链增值，能为航旅企业创造新的产业价值，并进一步推动区域经济的发展。二是加快培育经济发展新动能，以技术创新为引领，以新技术、新产业、新业态、新模式为核心，推动航空和旅游融合发展，创造和培育旅游新业态和新模式，有利于加快推动旅游扩规模、提品质、树品牌，有利于培育壮大航空旅游产业发展新动能，推动旅游业高质量发展。此外，有助于航空企业和旅游企业制定有的放矢的发展策略，并为旅游产业宏观战略政策的制定提供依据。

1.2.3.2 促进旅游目的地发展

航空产业和旅游产业的深度融合，将会把更多的旅游者从客源地带到旅游目的地，为旅游目的地带来大量客源，无形当中促进旅游目的地旅游业发展。这是由于城市机场的数量、规模、航班班次直接影响着旅游目的地的可进入性，航空业的发展带动了目的地旅游业的发展。旅游业的快速发展，给航空客运提供了数量众多的游客，尤其是旅游航线更需要游客填补客源，增加航线营收。航空产业能为旅游目的地带来远距离的游客，优化客源市场结构，带动旅游资源开发等。两者的融合将实现经济效益和社会效益双赢，并促进旅游目的地发展。

1.2.3.3 为消费者提供高品质的旅游

在满足消费升级的背景下，推动航空和旅游产业融合，能为消费者提供更便捷的出行服务。航空和旅游产业融合能优化航线网络布局，开通更多的旅游航线，可为游客提供从出发地到目的地的一站式出行服务，减少旅客花在交通出行上的时间，增加游客出行体验。具体来说：一是根据目的地旅游资源禀赋建设旅游机场，开辟旅游航线，为消费者提供点对点的出行服务；二是根据游客出行需求，优化航线网络布局，提供包机旅游产品、“机＋酒”自由行产品、航旅假期产品等，为不同旅客提供个性化产品；三是通过航旅融合，创造出新的产品和业态，如低空旅游、航空研学产品等，激发潜在旅游市场需求，满足消费者对高品质旅游产品的需求，促进旅游发展。

1.2.3.4 有助于推动区域经济一体化

航空和旅游产业融合是产业发展的必然趋势，多个地方政府都提出要通过航旅融合模式来带动区域旅游业发展，进一步推动区域经济的繁荣。航旅融合能为区域发展带来大量的客流、信息流、物流等，尤其是大量客流的进入能带动目的地住宿、餐饮、交通、旅游娱乐和购物等旅游产业链的繁荣发展，推动旅游经济的发展。航空和旅游产业融合能推动产业间、企业间的资源整合，实现产业间的信息整合、业务整合等，放大产业融合的溢出效应，推动区域经济一体化发展。

1.2.4 研究创新

本文在对研究内容提炼和总结的基础上，并与已有文献深入对话来提出研究的创新点。本文的创新点和研究贡献主要包括以下两个方面。

第一，鲜明的问题意识。本研究尝试构建解释航空和旅游产业融合动因和路径的理论框架，梳理出航空和旅游产业融合模式。目前，学术界对航空和旅游产业融合缺乏深入探究，本研究基于鲜明的问题意识，对航空和旅游产业融合的相关问题进行系统探究，构建出相关理论框架，不仅扩大和丰富了航空和旅游产业融合理论，还为航空和旅游产业融合研究提供了新的探索方向和内容，并拓展产业融合理论在旅游业中的理论研究。

第二，强烈的实践导向。本研究从整体性视角出发来研究航空产业和旅游产业融合发展，相对全面地对二者融合的动因、路径、模式等进行系统剖析。现有研究多从单一视角对航空和旅游产业融合的某一方面进行探究，缺乏系统性考虑。本研究基于强烈的实践导向，从整体性视角出发，综合考虑多种理论与内外部影响因素，对航空和旅游产业融合的动因、路径和模式等进行系统探究，扩大了航空和旅游产业融合的研究范围，丰富了产业融合理论，在一定程度上还扩大航空产业和旅游产业研究的理论边界和研究范畴。

1.3 研究方法

本文首先通过文献研究法梳理已有研究存在的不足，在此基础上厘清研究思路，确定本文所使用的研究方法，搭建出本文的研究框架。通过访谈和实际调研收集一手和二手资料，运用理论分析和逻辑推演构建航空和旅游产业融合的动因模型、路径机制，运用案例分析探究二者融合模式。

1.3.1 行动研究

行动研究是在研究者与实践者互动过程中产生新知识并在实践中验证新知识的一种研究方法；行动研究的研究基础是理论，研究对象是实践理论研究与实践活动之间产生互动，既解决了实践问题，又检验并丰富了理论（李兴旺等，2021）。行动研究强调实践者的实际参与，研究问题应当源于实践，强调研究者与实践者之间的相互尊重和平等合作（Eden、Huxham，1996）。行动研究在解决实际问题和扩充理论知识方面往往是同时完成的，可以在中国情境实践中进行管理理论开发与创新（李兴旺等，2021）。研究者在春秋集团进行了驻场调研，参加企业相关的航旅融合会议、现场观察等。具体来说，研究者参与到企业实践工作中，以行动者和研究者的身份找出实践研究问题，并收集相关资料。以内部成员的角色参与他们的各种活动，在共同生活中进行观察，收集与分析有关资料。研究者采用行动研究法对航空和旅游企业融合的相关问题进行深入剖析。

1.3.2 案例研究法

案例研究方法能够深度剖析事物发展的复杂过程，通过分析历史进程中的事件、关系等，再现已经发生的里程碑事件及其前因后果，是发展管理理论的有效方法（潘善琳，崔丽丽，2016），适合探讨“如何（How）”和“为什么（Why）”类型的问题（Yin，2004）。案例研究方法能够帮助研究者从实际现象出发，通过对某种现象的具体表现进行实证性的描述，能够深度剖析事物发展的复杂过程，并从有代表性的案例中抽取出理论关系，构筑理论模型，从而回答如何以及为什么的问题（Eisenhardt，2007）。冯雪飞、董大海（2011）指出与其他的研究方法相比，案例研究法不仅能对现象进行翔实的描述，还能对现象产生的原因、现象背后的情境因素进行深入分析，这有助于研究者更好地去理解“为什么”的问题。本研究将采用多案例研究方法探究航空和旅游产业融合发展的模式、动因、路径等。

1.3.3 文献研究法

本研究通过多种渠道收集文献资料，如谷歌学术、CNKI、EBSCO、SpringerLink、ScienceDirect、Emerald 等数据库，尽可能地收集关于航空旅游、产业融合、旅游产业融合、价值链理论等中英文文献。通过对文献的阅读、整理等剖析现有研究的现状、进展与不足等。基于此，梳理清楚本文对已有研究的借鉴，厘清研究问题，确定所使用的理论等。

1.3.4 访谈法

在社会科学研究中，访谈是获取真实数据资料的一种重要方法，其与观察法、语义分析法构成了质性研究最常用的方法（苛费尔，布林克曼，2013）。运用访谈法易于了解访谈对象的真实看法，了解人们态度和行为方面详细而生动的信息，探究人们行为背后真实的原因，从而描述社会现象发生的过程，还可以在访谈过程中对访谈对象进行观察，将研究对象的语言和行为进行比较，以便获取更多的信息。在前期文献研究的基础上，根据研究问题设计访谈提纲，选取航空和旅游产业融合案例企业的管理者及员工进行半结构式深度访谈，了解受访者对研究问题的思考和看法，在征求访谈对象许可的情况下，及时做好录音等记录，为后续研究积累丰富的一手资料。

以航旅结合企业——春秋集团为案例，对企业的40位中高层管理者和一线员工进行了深度访谈，通过对访谈资料的整理，建立研究所需的一手数据库。具体来说，在前期文献研究的基础上，根据研究问题设计访谈提纲，选取春秋集团的管理者及员工进行半结构式深度访谈，了解受访者对研究问题的思考和看法，在征求访谈对象许可的情况下，及时做好录音等记录，为后续深入研究积累丰富的一手资料。本研究主要采用了深度访谈法对春秋集团的管理者和员工进行面对面访谈收集航旅融合的相关资料，这些受访者都具有航旅融合的从业经验，能对航旅融合的相关问题进行深入阐释，为研究提供具有较高信度和效度的资料。

1.3.5 综合分析法

分析法是把复杂的研究对象分解成多个简单组成部分，分别对不同方面进行剖析，为整体研究打基础。但分析法不能从整体上对研究对象之间的关系进行全面把握。因此，就需要结合综合法对研究对象进行整体分析。综合法是按照研究对象的内在相互联系，进行整体把握，形成系统的研究结果。本研究使用综合分析法对航空和旅游产业融合的路径和模式等进行全面深入剖析。

1.4 研究内容与思路

本研究针对航空和旅游产业融合的动因、路径和模式等问题，采用理论分析和案例研究等方法，阐明航空产业和旅游产业融合的内涵，构建航空产业和旅游产业融合的动因模型以及作用路径等。最后从政府管理部门、旅游企业和航空企业等视角提出相关的管理实践启示。

1.4.1 研究内容

第 1 章绪论。本章首先说明开展本研究的理论和实践背景，在此基础上提出研究问题，阐明研究目的，以及理论和实践价值。其次，说明了本文的研究内容、创新之处和研究方法。最后，阐述了本文的研究思路和技术路线。

第 2 章理论基础与文献综述。一是对产业融合、航空和旅游产业融合等基本概念进行界定。二是说明本研究所使用的价值链理论、产业融合理论、产业价值链理论等。三是对产业融合动因、融合路径、航空管控政策、航空和旅游运输、低成本航空、航空旅游与目的地发展等文献进行系统梳理与剖析。四是基于文献述评，阐明本文尝试弥补的研究不足，明确研究问题，为后续研究奠定文献基础和搭建研究框架。

第 3 章航空和旅游产业融合动因研究。综合文献研究，并结合访谈搜集一手资料，在对一手和二手资料的充分整合的基础上，阐释清楚航空和旅游产业的关系，并通过理论分析和综合分析构建二者融合发展的动因模型。

第 4 章航空和旅游产业融合路径与模式研究。本章聚焦于航空和旅游产业融合发展的模式、路径及内在作用机制模型。采用理论分析和综合分析法，探究航空和旅游融合发展路径和不同模式；构建了航空和旅游产业融合的路径模型。

第 5 章航空和旅游产业融合国际案例研究。本研究将通过对国际代表性航空和旅游产业融合企业——途易集团、泰国航空进行深入剖析，分析国际航空产业和旅游产业融合发展的典型路径和模式等。

第 6 章航空和旅游产业融合国内案例研究。在以上理论分析的基础上，本研究通过对代表性航空和旅游融合企业——春秋集团、上航旅游集团和同程集团进行深入剖析，分析国内航空产业和旅游产业融合发展的典型路径和模式等。

第 7 章研究总结与展望。在上述章节研究的基础上，对航空和旅游产业融合动因、路径和模式的研究结果进行理论与实践总结，通过与理论和已有研究的对话，阐明本文的研究贡献；从政府、航空和旅游企业等视角提出实践建议。最后，说明本文存在的研究不足，进一步提出航空和旅游产业融合的未来研究内容，为深入开展航旅融合研究提出有针对性的建议。

本研究的逻辑思路和章节内容安排见图 1.4。

1.4.2 研究思路

本研究的基本思路是：提出问题—分析问题—解决问题的思路。具体研究思路与技术路线如图 1.5 所示。

第一，通过对理论与实践的回顾，理清研究的逻辑思路，提出研究问题，确定所使用的研究方法，设计需遵循的研究步骤和流程。

第二，根据研究问题设计访谈提纲，对春秋集团的航旅融合发展进行深度访谈调研。一是采用文献分析和理论分析探究航空和旅游产业融合的动因；二是通过理论分析和综合分析探究航空和旅游产业融合发展的路径及内在作用机制模型；三是采用理论分析和案例分析探究航空和旅游产业融合发展的不同模式。

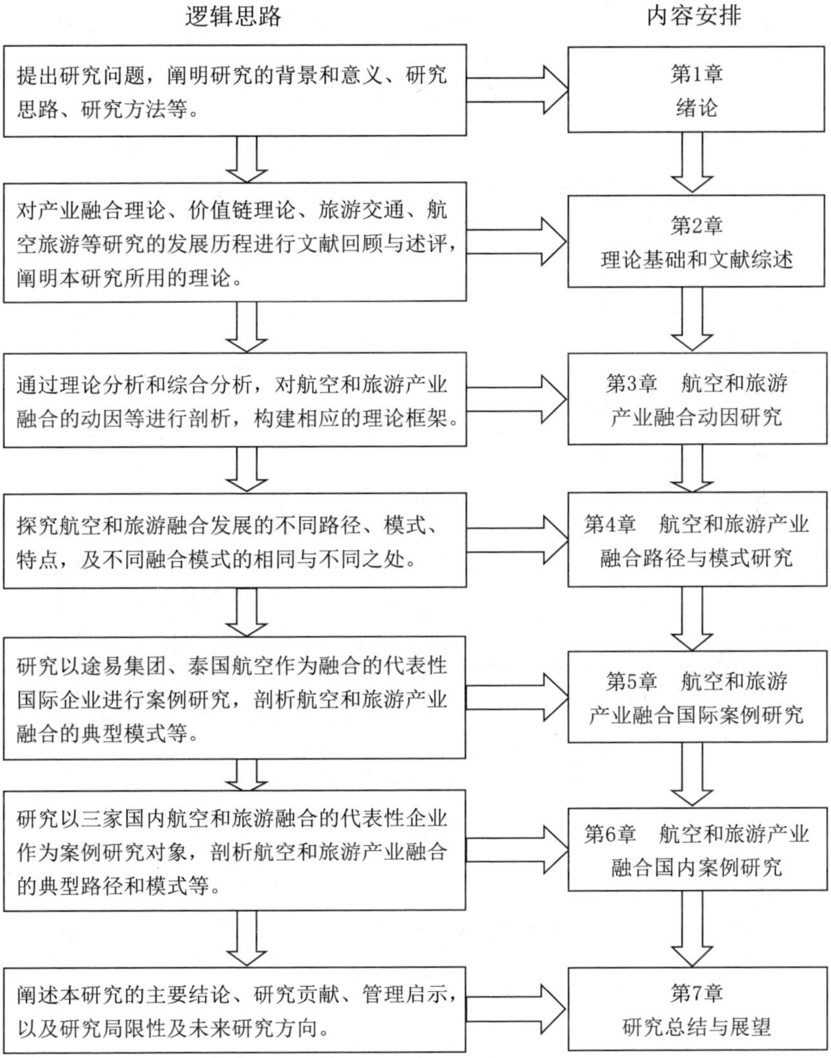

图 1.4　研究内容和逻辑思路

资料来源：本研究整理。

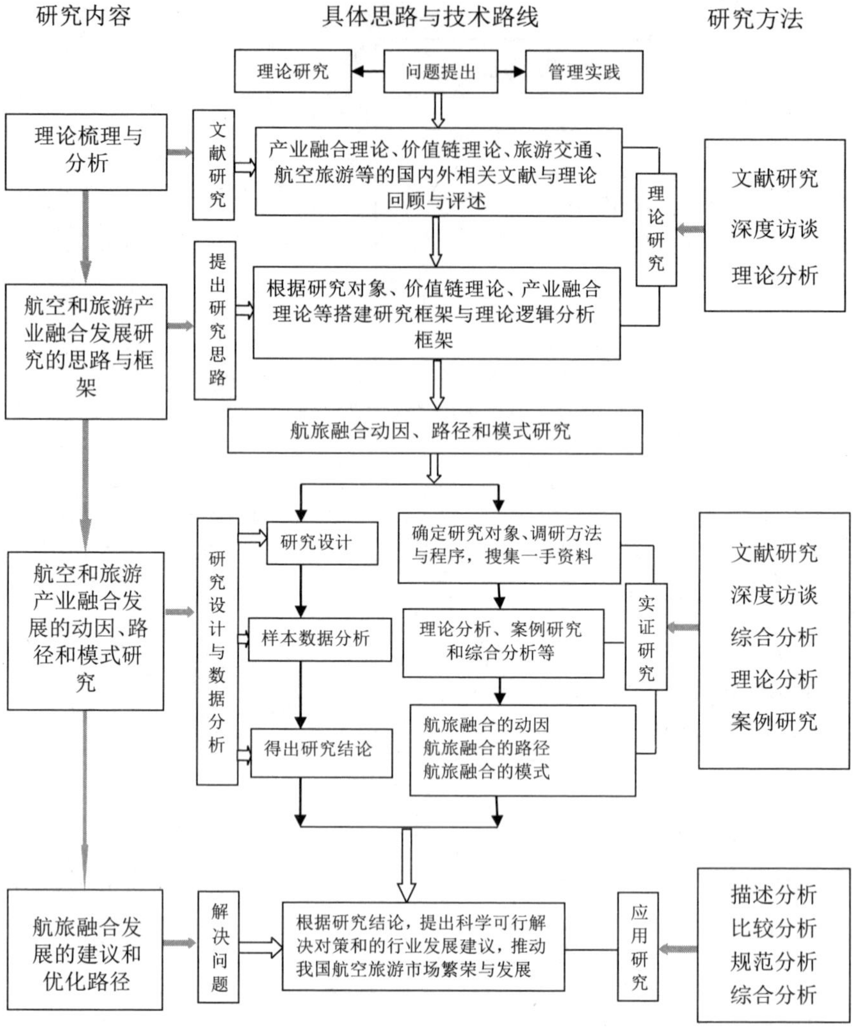

图 1.5　本研究的具体思路和技术路线

资料来源：本研究整理。

第三，基于本文得出的研究结果，从政府、航空企业、相关旅游企业等视角提出管理启示。

1.5 本章小结

本章主要对航空和旅游产业融合的理论与实践背景、研究问题、研究内容与创新、研究思路与方法等进行了说明。

第一，说明本研究的选题依据，在行业背景、政策背景、产业背景等实践背景分析的基础上，通过理论和文献研究阐明本文的研究问题、理论和实践意义、研究技术路线等。

第二，阐明具体的研究问题，即航空和旅游产业融合的动因和路径是什么，航空和旅游产业存在哪些融合模式，以及如何从不同视角提出具有针对性的建议和对策来促进航空和旅游产业深度融合。

第三，论述了本文的3个主要研究目的，即航空和旅游产业融合动因模型构建、航空和旅游产业融合路径的理论分析框架、航空和旅游产业融合模式，以及相应的对策与建议。

第四，剖析了本研究的理论意义、实践意义，以及研究创新之处。

第五，分别阐述了本文所采用研究方法、研究思路、章节内容安排和具体技术路线。

第 2 章

理论基础与文献综述

本章首先对航空产业、旅游产业、产业融合等概念进行界定。其次，主要对产业融合理论、价值链理论、产业链理论进行阐释，为后续分析奠定理论基础。最后，研究对产业融合动因、产业融合路径和模式、航空和旅游产业融合的效益、航空产业和旅游目的地等相关研究进行了文献回顾与述评，在此基础上归纳研究不足，再次阐明本文的具体研究问题。

2.1 概念界定

本小节将对旅游产业、航空产业、产业融合、航空和旅游产业融合等概念进行深入剖析，并做出本研究的概念界定。通过概念界定，阐明航空和旅游产业融合的研究边界。

2.1.1 旅游产业

旅游产业对国民经济的贡献越来越大，已经成为最有活力和最强劲的产业之一，是国家战略性支柱产业、创新驱动型产业、新动能产业，具有综合性高、关联性强、产业边界模糊等特点（齐坤山、师守祥，2016）。目前，关于旅游产业的界定并没有形成共识，学者们都基于自己的理解对旅游产业的概念和内涵进行了分析。旅游消费类型的多样性、旅游者需求的异质性与变动性及边界的模糊性使得旅游产业比较难界定（占佳，2007）。

刘名俭、唐静（2010）认为旅游产业不是简单和高度独立的行业组合，也不是一个简单的产业体系，是一个由多种性质截然不同的行业组合起来的貌似松散的综合性产业系统。张海洲、陆林、贺亚楠（2020）认为，与传统产业界定不同，旅游产业不是严格意义上的“生产相同产品的企业或单位的集合”，它以游客旅游需求为导向，是围绕游客所需的多个不同产业中提供部分产品和服务的企业“集合”。李天元（2020）认为旅游业是以旅游消费者为服务对象，为其旅游活动的开展创造便利条件并提供其所需商品和服务的综合性产业。该定义与传统产业的界定有三个明显不同之处：一是该定义是一个需求导向的定义；二是所使用的界定依据或标准是基于共同的服务对象，而非基于相同的业务或相同的产品；三是定义中所指的综合性产业是指旅游业是一个由多种行业基于共同的服务对象组合而成的集合体。现代旅游产业具有融合性、普适性、体验性、生态性、多样性五个基本特征（邵金萍，2012）。

本研究中的旅游产业主要是指旅行服务业，为游客提供各种旅行服务的旅游企业的集合。旅行服务业即指“旅游活动是以人们的空间移动为前提的，为空间移动的人们提供从信息整合、行程安排，到目的地期间所消费的餐饮、住宿、交通、游览、购物、娱乐以及商务活动和休闲体验等方面的服务，都属于旅行服务业的范畴”（中国旅游研究院课题组，2014）。

2.1.2 航空产业

航空产业是我国的战略性新兴产业，对我国产业高质量发展起着示范引领作用（白杨敏、李炎、黄锦鹏，2020）。航空产业的快速、健康发展有利于引领企业发展方向，推动区域产业优化升级和区域经济增长（白杨敏、李炎、黄锦鹏，2020）。航空产业是指与航空器研发、制造、维修、运营等活动直接相关的、具有不同分工、由各个关联行业所组成的业态总称（胡学英，2021），具有资金密集、附加值高、技术密集、安全性要求高、联带效应强等特点（胡学英，2021；李文川、冯良清，2014）。根据具体用途可进一步分为：航空制造业、民用航空业、军用航空业、通用航空业（孙华平、周谛，2020），其中民用航空又可进一步细分为通用航空和航空运输。通用航空产业包括通用航空器制造、航空市场运营、航空综合保障及相关配套服务等（庞赋文、任淑红、方鹏亚等，2019）。航空运输是指以航空飞行器为载体，开展的经营性客货运输航空活动。

目前，与旅游业紧密相关的是通用航空旅游和航空运输。通用航空旅游也称为航空观光（air tour）、航空旅行（air travel）、休闲飞行（recreational flight）、风景区航空观光（scenic flight tour）、航空运动（air sport）、观光飞行（sightseeing flight）、娱乐飞行（pleasure flight）（张阳、龚先洁、卢娜等，2018）。杨勇、隋东（2010）认为通用航空旅游是利用通用航空器开展的旅游活动。航空旅游产品是指经营者依托通用航空旅游资源提供给旅游者的一切服务的总和（张阳、龚先洁、卢娜等，2018）。

综上所述，在本研究中航空产业主要包括与航空运营活动直接或间接相关的各紧密联系的行业所构成的产品和服务，具体是指通用航空产业和航空运输产业。

2.1.3 产业融合

产业融合是随着信息技术变革而出现的一种新经济现象，已成为产业创新发展的重要方式，是产业新价值的增长点和动力源（李在军，2019）。关于产业融合的定义，学术界尚未形成共识。产业融合的概念源于 Rosenberg（1963）对美国机械工具产业的演变研究，他认为产品功能和性质完全无关的产业因为采用相似的技术而引起机械工具业独立化的过程称为技术融合。目前，学术界关于产业融合的概念还未取得一致观点，现有研究主要是从业务、产业等角度，以及产业融合的条件、形成过程、实质等方面来界定产业融合的概念。Yoffie（1996）从产品的角度认为产业融合是基于数字技术实现单个产品的整合。Rosenfeld（1997）认为产业融合是指在产业分工和产业重组的推动下，产业边界消失或模糊，形成新的产品或市场的一种趋势。王朝辉（2011）认为产业融合是不同产业或同一产业的不同行业通过相互渗透、相互交叉，逐步形成新的产业属性或新型产品形态。陆国庆（2001）指出产业融合是一个复杂的过程，包括技术融合、市场融合、产品融合等环节。

综合以上研究，本研究认为产业融合是由信息技术、市场需求等发生变化所引起的在产业间或产业内发生的信息融合、市场融合、技术融合、知识融合、产品融合等，产业企业共同演进产生新的业态或产品的过程。

2.1.4 航空产业和旅游产业融合

航空产业和旅游产业融合的动力包括经济发展、政府管制放松、旅游需求增加、旅游资源观改变、技术进步等。融合过程体现在资源、技术、产品、业务、组织、市场等多个层面。二者的融合是一个双赢过程，航空产业可以利用旅游资源和旅游产业优势探寻出一条产品创新途径，扩大航空市场空间；旅游产业也可以借助航空这一平台提升旅游产品的体验层次，促进产业价值提升和产业转型。航空产业和旅游产业融合是二者产业发展的一种创新形式，可以为航空产业和旅游产业的发展带来经济效益。

基于已有研究，本研究中的航空和旅游产业融合主要是指航空产业和旅行服务产业的融合，认为二者融合是以消费者的需求为导向，在市场、资源、技术、信息等方面的融合，为消费者创造新的产品或服务，发展出新的业态、新的模式等，实现产业价值链的增值。航空产业和旅行服务产业都属广义的旅游产业，二者的融合属于旅游产业内的不同行业融合。目前关于航空产业和旅行服务产业融合的研究还鲜有，有学者认为航空产业和旅游产业密切关联，并构建了航空产业和旅游产业融合分析模型（刘云霞、尹寿兵，2013），见图 2.1。

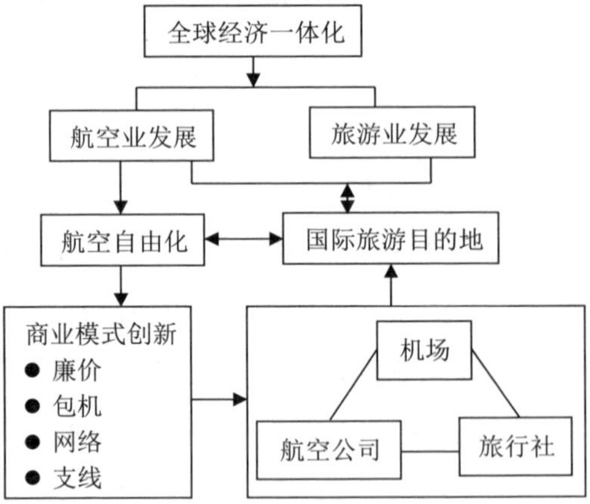

图 2.1　航空产业和旅游产业融合分析模型

资料来源：刘云霞，尹寿兵．国外航空旅游业研究综述与启示［J］．热带地理，2013，33（3）：356-362.

2.2 理论基础

基于研究问题，本文主要采用价值链理论、产业链理论、旅游产业链理论作为研究的理论依据，通过对理论剖析奠定本研究的基础。

2.2.1 价值链理论

Porter（1985）提出了价值链理论，他认为企业是价值的载体，企业生产经营过程中的每项活动都能产生价值，如研发设计、生产制造、产品销售、物流运输、售后及服务等，这些相互关联的活动构成了为企业创造价值的价值链；同时将企业的生产过程分为辅助活动和基础活动。基础活动主要是指企业生产经营过程中的后勤服务、市场营销、生产加工和售后服务等。辅助活动主要包括企业基础设施、技术研发、人力资源管理、物资采购等。价值链中的每个生产环节都是互相关联和互相作用的，企业要想在市场中形成竞争优势，就需要在生产经营活动中的每个环节实现利益最大化。航空产业的全球价值链是指从设计制造到市场销售，再到售后维修的整个过程（朱煜明、闫文琪、刘阳，2017）。

经过学者们的发展，形成了广义价值链理论，依据价值链的范围和不同关系可把价值链分为两种类型：企业内部价值链、企业外部价值链。由企业外部相关活动产生的价值被称为企业外部价值链，它依赖外部所有相关环节的价值创造（李学军、谷鹏，2015）。即企业竞争优势不仅来源于其内部价值，还与上游供应企业和下游消费者的价值链相关。价值链上的企业可以实现资源共享，如共享技术、人才等，补充自身资源的不足，还可以避免资源的重复建设；企业不仅扩大了资源的使用界限，减少成本，还能降低企业的进入和退出壁垒，增强企业战略灵活性（杨慧、刘根，2007）。黄群慧、倪红福（2020）认为价值链侧重于从生产价值增值的角度来描述不同价值环节之间的关系，价值链上的每个活动和连接都会影响企业价值实现（陈青，2012）。航空产业和旅游产业都属于旅游产业价值链上不同的行业，具有天然的紧密连接性。航空企业和旅游企业都是产品的供给方，都服务于出行的旅客，有着共同的客源市场，是价值链上的上游和下游提供不同产品的产业，在产业价值创造、资源共享和市场共享上具有显著的规模化效应。航空产业和旅游产业的融合能创造出新产品、新业态和新模式，不仅能提升价值链上下游企业的竞争力，也能增强旅游产业的竞争力。

2.2.2 产业链理论

不同学者基于各自研究视角对产业链的概念做出了界定。有学者认为产业链是指产品在生产加工过程中所包括的各种生产环节构成的纵向链条（郁义鸿，2005）。吴金明、邵昶（2006）认为产业链是产业上下游相关环节组成，由价值链、企业链、供需链、空间链四个方面组合而成的链条。周路明（2001）从产业关系的视角界定了产业链的概念，认为产业链是围绕企业内部分工和外部供需关系展开的生态图谱，根据其表现形式又可进一步分为基于产业内部分工的垂直产业链，基于产业外部供给需求的横向产业链。胡志菊、罗经德（2021）认为产业链的实质是上游企业和下游企业的供需关系。产业链和价值链存在不同，价值链侧重于从生产价值增值的视角说明不同活动价值间的链条式关系和分布形态；产业链是价值链上的各企业间形成的链条式关系和时空分布形态，包括产品和服务生产提供的所有环节和过程，生产过程、产业组织、价值实现的统一（黄群慧、倪红福，2020）。产业价值的实现和创造是推动产业链形成的动因，而产业链是产业价值实现和增值的根本途径。

2.2.3 旅游产业链理论

传统产业链是以产品的上下游企业纵向合作生产为主，旅游产业中的旅游产品具有无形性、生产与消费的同时性等特征。与传统制造业产业链相比，旅游产业链上的生产部门兼具消费属性和生产属性，产业链上的生产部门可以独立生存，旅游产业链上游的企业以建设基础设施、开发资源等为主，旅游产业链的中游企业生产综合性旅游产品，下游消费者体验式消费无形旅游产品（赵小芸，2010）。因此旅游产业与其他行业产业不同，其不是传统的生产某类产品的企业集合，是多个不同产业中某一部分产品和劳务的多重“集合”（张海洲、陆林、贺亚楠，2020）。

传统的上下游企业形成的产业链是以产品生产环节实现价值增值，最终形成纵向的产业价值链。由于旅游产品是由住、食、行、购、游、娱等不同类型的产品构成的组合产品，因此旅游产业价值链上的各企业是横向组合的关系，相关企业以旅游者需求为核心，通过设计组合旅游产品实现各环节价值增值，这就是旅游产业价值链与传统产业价值链的不同之处（桑彬彬，2018）。桑彬彬（2018）指出旅游产业价值链主要是由旅行社、旅游餐饮、旅游景区、酒店、旅游商品、旅游交通和旅游娱乐等不同行业构成，这些行业本身就具有独立性，行业之间是横向组合的关系。黄继元（2006）认为旅游产业价值链上的不同企业创造不同的价值，每个环节既紧密连接又相互作用，因此创造出更大的协同效应。

目前，旅游产业通过与其他产业融合，不断创造出新的旅游业务、新产品和新业态。旅游产业与其他产业融合的过程既是旅游产业不断拓展发展空间，增加旅游产品供给的过程，也是旅游赋能其他产业实现产业链延伸和再生的过程（张海洲、陆林、贺亚楠，2020）。王兆杰、谢雨萍、梁姣（2021）构建了低空旅游产业链模型，在产业链上游包括飞行器研发制造、基础服务配套、低空旅游装备；在产业链核心领域包括机场基地建设、低空通航运营、航空器运营托管及租赁；在产业链下游主要包括餐饮、市场营销、金融服务平台、专业人才培育等。付业勤、郑向敏（2014）基于产业融合视角构建了旅游产业价值链，从上游的旅游规划开发、旅游产品创设，中游的旅游产品分销，到下游的旅游消费体验形成了旅游产业价值链，其中下游的旅游消费体验是产业价值链的核心。

2.3 产业融合的相关研究

本文主要对航空和旅游产业的融合动因、融合机制等进行探究，有必要理清楚产业融合、旅游产业融合的相关研究，厘清已有研究成果，为后续的理论分析搭建研究思路和框架。

2.3.1 产业融合动因

产业融合动因是产业融合研究的重要方面。周宇、惠宁（2014）通过对产业融合的动因研究，结果表明：市场需求是融合的原始动力，技术创新是融合的内在驱动力，企业追求经济效益是融合的力量源泉，放松管制是产业融合的客观条件。植草益（2001）认为，技术革新与放宽限制推动了产业融合。单元媛、赵玉林（2012）认为管制放松、技术创新和扩散、商业模式创新是产业融合的驱动力。钱小林（2011）的研究表明：产业融合的内在驱动力是技术创新融合、企业动因是竞争合作压力、巨大推动力是跨国公司扩张、外部条件是政府管制放松。靳晓婷、惠宁（2019）探究了农业产业融合的动因，主要包括：城乡居民消费新特点的巨大需求动力、降低交易成本的内在源动力、新兴信息技术的驱动力、农村经营制度改革的创新效应。

相关学者对旅游产业融合的动因进行了探究，高凌江、夏杰长（2012）认为旅游产业融合的动因包括旅游需求、企业内在驱动力、技术创新推动、外部环境。丁雨莲、赵媛（2013）的研究表明，旅游科技创新与运用、旅游市场新变化、企业追求合理利润、制度环境优化是推动产业融合的重要动因。曹世武、郑向敏（2011）认为旅游产业融合的动力机制由三个系统形成，其中旅游者需求和企业利益追求是原动力、科学技术进步是融合的助动力、产业融合环境是融合的支撑力。魏敏、徐杰（2021）认为旅游产业和制造业融合的动力是制度变迁、文化创意和技术创新。姜永常（2013）认为多元产业的综合集成是融合的源生动力、多样化的旅游需求是内在融合动力、激烈的市场竞争是外在融合动力、技术创新是驱动力。

也有一些学者具体探究了不同类型旅游产业融合动因。李在军（2019）认为冰雪产业和旅游产业融合的动力是消费需求、技术创新、产业发展政策导向、新业态蓬勃发展。杨懿、时蓓蓓（2000）探究了健康旅游产业融合的动因，主要包括：内部拉力（市场需求、产业发展）和外部推力（政策制度、经济发展）两方面动因。肖建勇、郑向敏（2012）认为信息技术是旅游、产业融合的手段，旅游产业融合的根本动因是消费需求升级。侯兵、杨君、余凤龙（2020）认为文化和旅游融合的内部动因是生产互融、技术支持、产业升级，外部动因是消费需求、体系共享、创意经济和体制与政策。赵书虹、陈婷婷（2020）通过对民族地区文化产业和旅游产业的融合动力研究，发现资源要素整合是融合的基础动力，创新变革支撑是融合的支撑动力，旅游需求升级是融合的直接动力，企业管理决策是融合的外在动力。胡晨寒、常莉（2020）构建了文化产业和旅游产业融合的三维动力系统，包括基础必要性动力、过程衍生型动力、环境保障性动力，其中基础必要性动力包含文化旅游需求和技术创新供给，过程衍生型动力包含企业文创意识、企业竞合战略，环境保障性动力包含外部机遇和政府政策。施曼、文锦达（2021）构建了文化产业融合的动力机制模型，包括外部动力：政府管制放松、技术创新、市场新需求；内部动力：企业间的互动行为、文化要素提高、相关支持产业拉动。黄先开（2021）认为文化和旅游产业融合的原动力是产业关联、拉动力是市场需求、支持力是技术创新、推动力是政策保障。江金波（2018）以佛山陶瓷工业旅游为案例探究了旅游产业融合的动力，研究结果表明：旅游产业融合包括 4 个内在动力和 4 个外在动力，内在动力包括企业战略（引擎力）、成本效益（向心力）、融合适配度（张力）、行业组织（扶持力），外在动力包括技术水平（支撑力）、市场竞争（压力）、旅游需求（源动力）和政府组织（扶持力），内外动力产生交互作用，共同作用于产业融合。

2.3.2 产业融合路径

周宇、惠宁（2014）认为基于产业边界视角的产业融合类型是业务融合、技术融合、运作融合和市场融合；基于产业演进视角的产业融合类型是传统产业之间的融合、高新技术之间的融合、传统产业内部的重组融合。单元媛、赵玉林（2012）认为存在 3 条产业融合路径，分别是以市场需求为主形成的路径、以知识扩散为主形成的路径、以科学技术交叉渗透为主形成的路径。

关于旅游产业的融合路径，学者们也进行了相关探究。李在军

（2019）认为冰雪产业和旅游产业融合的实现路径是，产品融合是标志、技术融合是基础、市场融合是动力、企业融合是载体。杨懿、时蓓蓓（2000）认为健康旅游产业融合的路径包括资源延伸性融合、功能延伸性融合、服务渗透性融合、技术渗透性融合。也有学者认为其他产业与旅游产业融合的路径主要有 4 条：资源融合、市场融合、技术融合和功能融合（麻学锋、张世兵、龙茂兴，2010）。龚艳（2015）的研究表明，旅游业与金融业融合的路径主要是强化旅游信用再造、完善银行金融支持、创新旅游保险体系、推进两业产融结合。付业勤、郑向敏（2014）认为旅游和会展产业的融合路径是在支撑层面的资本融合、技术融合、人才融合，在基础层面的资源融合、功能融合、市场融合，提升层面的品牌融合和文化融合。马胜清（2021）认为文化产业和旅游产业的融合路径是加强融合顶层设计、深化融合力度、市场促进文化产业和旅游产业融合。黄先开（2021）认为文化和旅游融合的路径包括优化升级文化和旅游融合的产品体系、通过业态组合促进提质增效、培育复合型人才队伍、深化体制改革，完善服务机制。

2.3.3 产业融合模式

针对产业融合的模式，学者们从不同的角度开展了相关研究。罗奕（2007）的研究认为，产业融合有四种类型，包括技术渗透型融合、产业间的延伸型融合、产业内部的重组型融合、新产业对旧产业的替代型融合。单元媛、赵玉林（2012）的研究认为，基于产品或产业性质可把产业融合分为替代性融合、互补性融合两类；按照融合技术的新奇程度可分为横向融合、应用融合；按照产业融合的过程可分为机构融合和功能融合等（Hacklin，et al.，2005）。厉无畏、王慧敏（2002）认为旅游产业融合的方式包括高新技术的渗透融合、产业间的延伸融合、产业内部的重组融合三种方式。杨懿、时蓓蓓（2000）的研究表明，健康旅游产业有两种融合模式，分别是“旅游 + 健康”嵌套融合模型、“健康 + 旅游”嵌套融合模型。龚艳（2015）认为旅游业和金融业融合的模式分别是主动融合模式、重组融合模式和互动融合模式。望庆玲、孙军、顾敏（2021）认为文化产业和旅游产业融合的四种模式是渗透融合、延伸融合、重组融合和一体化融合。高凌江、夏杰长（2012）的研究表明，旅游产业融合主要包括四种融合，分别是模块嵌入式融合、横向拓展式融合、纵向延伸式融合、交叉渗透融合。肖建勇、郑向敏（2012）认为旅游产业融合包括垂直一体化融合、跨产业（或跨行业）融合，融合过程中要以旅游体验为核心推动产业升级。田里、张鹏杨（2016）认为根据旅游产业融合的过程、界面和结果，可把旅游产业分为三种融合模式，即跨业融合、创业融合和混业融合。跨业融合是指其他产业与旅游产业融合，创业融合是指创造出新的业态融合，混业融合是指旅游产业内部要素或行业间融合。

2.3.4 产业融合效益

产业融合能推动经济发展，提高企业生产效率和竞争力，具体来说是促进文化产业发展、推动商业模式变革、改变市场竞争格局、推动横向产业结构形成、推动了相关产业的溢出效应（周宇、惠宁，2014）。单元媛、赵玉林（2012）认为产业融合不仅能推动创新，还能进一步推动经济的增长，是提高效率和降低成本的重要途径，促使企业之间形成新型竞争协同关系。罗奕（2007）的研究认为产业融合将对经济效果产生影响，包括对社会发展产生巨大影响、有利于一国产业结构的转换和升级、有更好的产业绩效、是产业创新的重要手段、改变管制机制和政策、对经济全球化有促进作用。

将旅游产业与现代服务业、创意产业、文化产业等相融合，能增加区域产业转型升级的能力，拓展发展空间，最终实现旅游产业融合效益（赵黎明，2011）。肖建勇、郑向敏（2012）的研究认为，旅游产业融合能扩大旅游产业和企业边界，并推动企业之间的竞争合作和共同成长。马胜清（2021）探究了文化产业和旅游产业融合的经济效应，主要包括改变市场经营模式、企业获得范围经济和协同效应、发现新的市场、创造新产品。但红燕、徐武明（2015）的研究表明：旅游产业融合的效应主要是推动产品创新、改变市场结构、实现产业链的价值增值、促进组织创新和管理创新、延长产业生命周期。田里、张鹏杨（2016）认为根据旅游产业融合的范围、层面和规模，有宏观效应、中观效应、微观效应三大层面。宏观效应主要是指社会层面的效应，如经济拉动效应、社会载体效应、政治媒介效应、文化集成效应；中观效应主要是指产业层面的作用，如产业升级效应、品牌培育效应、区域联合效应、业态提升效益；微观效应主要指组织层面的作用，如资源增值效应、企业整合效应、市场改善效应、产品创新效应。

2.4 航空和旅游产业的相关研究

本小节将对与研究问题和主题相关的文献进行回顾与述评。本研究通过对航空和旅游产业相关研究内容的梳理，为航空和旅游产业融合研究提供借鉴和参考。具体主要对航空政策变化对旅游发展的影响、航空商业模式与旅游业发展、航空运输对旅游目的地影响、航空运输与旅游经济效益、航空运输与旅游需求、航空运输与旅游业关系、低成本航空与旅游业发展等研究主题进行系统的梳理与阐释。

2.4.1 航空政策变化对旅游发展的影响

航空和旅游之间的关系越来越受到重视（Sengür et al.，2014），尤其是航空自由化极大地促进了国际旅游业的繁荣，能增加一个国家的旅游效益（Forsyth，2006），日益成为促进旅游业增长的一种手段（Dobruszkes、Mondou、Ghedira，2016）。自 20 世纪 60 年代以来，大众休闲旅游和商务旅游的兴起在很大程度上与航空运输的技术进步（喷气式飞机的兴起）和市场发展（放松管制和自由化）有关（Papatheodorou，2002）。如今，超过 50% 的国际游客选择航空旅行到达目的地，特别是长途旅行（O'Connell，2011）。在过去几十年中，航空运输自由化和低成本航空公司在刺激旅游业发展方面发挥了重要作用（Dobruszkes、Mondou、Ghedira，2016；Yarde、Jonsson，2016）。航空自由化即航空运输经济的自由化，其强调更多的依靠市场调节，实现航线、运价和运力等的优化配置（胡浩、徐建伟，2014；赵维田，1988）。航空自由化政策为旅游业发展提供了运输动力，Shaw（1982）提出，航空自由化打破了行业竞争壁垒，推动了航空业的快速发展，从而带动了航空旅客运输量的增加，带动了区域旅游业的发展。航空市场自由化有助于航空服务和休闲旅游的数量增长，自由化导致常规航空服务在提供的座位和航线数量上大幅扩大，但也导致包机业务减少，低成本航空公司是航空市场自由化的主要参与者（Dobruszkes、Mondou，2013）。Zhang、Findlay（2014）的研究表明，限制性航空运输政策会阻碍城市之间的客运交通发展，并对双边游客流动产生重大负面影响；航空运输政策的进一步自由化有助于建立更强大的旅游业。研究发现航空业的发展催生了新类型的游客，特别是航空公司自由化通过一系列涉及定价、服务和运营的战略行动影响旅游业，并具体影响了游客的消费模式和决策过程（Liasidou，

2013)。此外，航空监管制度、航空自由化、航空运输政策和“开放天空”协议支撑着航空旅行的增长(Dobruszkes、Mondou，2013；Zhang、Findlay，2014)，因为监管可以影响航空公司经营的航线范围，从而决定竞争和旅游空间模式(Forsyth，2011)。航空自由化也推动了新航空商业模式的诞生，如包机旅游、低成本航空、支线航空、网络化运输航空。

2.4.2 航空商业模式与旅游业发展

商业模式创新促进了航空旅游业的发展。Bieger、Wittmer(2006)认为航空公司的商业模式可分为网络运营商(联盟的主要或核心运营商，区域或次区域运营商)、包机航空公司和低成本航空公司(LCC)，以及新开发的特殊细分运营商，如专为商务旅行者服务的运营商。不同类型的航空公司商业模式会导致运输量的差异，这与游客流的性质有关，详见图 2.2。网络运营商通常依赖强大的国内或国外市场，在其枢纽为大量的普通付费客户提供商务和休闲服务；区域性航空公司通常使用载客量较小的小型飞机为偏远的中型或小型目的地提供服务，但由于票价相对较高，它们通常运送收入较高的乘客；由于 LCC 在短途航线上的竞争，包机航空公司越来越多地经营中长途航线，其产品性质通常针对数量庞大但相对不灵活的游客流量；LCC 的低票价对许多具有高价格弹性的游客很重要，但高频率对具有高旅行时间弹性的商务旅行者也很重要。由图 2.2 可知，低成本航空(low cost)运输的游客主要前往第二居所度假目的地(resort destination second homebased)和具有较好景点的目的地(attraction based destination)；包机航空(charter)运输的游客主要前往分散管理的度假旅游目的地酒店(resort destination hotel based decentraly managed)、集中管理的度假目的地酒店(resort destination hotel based cetraly managed)；区域航空(regional carrier)运输的游客主要前往集中管理的度假目的地酒店和具有较好景点的目的地；网络航空（network carrier）主要前往具有吸引力的目的地。Vieira et al（2019）探究了航空公司选择对亚速尔群岛旅游业增长的影响，研究结果表明，由于航空公司自由化，低成本航空公司的出现使得游客有了更多的替代选择，旅游人数急剧增加。此外，低成本航空公司、全方位服务航空公司和包机航空公司分别吸引不同类型的游客，促进了旅游业的多样化，尤其是低成本航空游客比乘坐全服务航空公司或包机的游客更年轻。

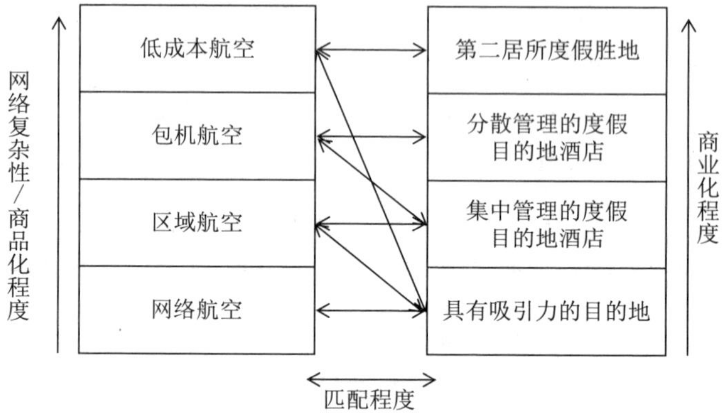

图 2.2　航空公司和旅游目的地的匹配商业模式

资料来源：Bieger T., Wittmer A.. Air transport and tourism—perspectives and challenges for destinations, airlines and governments［J］. Journal of Air Transport Management, 2006, 12（1）: 40–46.

2.4.3 航空运输对旅游目的地的影响

王敏（2007）探究了西部民族地区旅游业与民航客运之间的互动发展，研究结果表明，民族地区的旅游资源尚未转化成产业经济优势，影响了对交通运输建设的资金投入，将旅游业与民航运输业有机结合，可以实现民航运输业、旅游业和区域目的地的共同发展。唐勇、傅滢滢、王尧树（2019）的研究发现，航空口岸对促进国际旅游目的地建设具有重要作用，提出要加强航空和旅游产业的协同发展。Papatheodorou（2021）探究了航空公司和旅游目的地之间的关系，研究发现：目的地提供丰富的产品会影响度假胜地的受欢迎程度，从而影响航空公司使用的飞机类型，并进一步影响飞机类型和便利设施之间的相互依存关系。这是因为飞机类型受一个地区便利设施数量的影响，但后者取决于乘客的数量，同时也取决于航空公司运营的飞机类型。Bieger、Wittmer（2006）的研究表明，就目的地类型或旅游性质而言，旅游业的结构也受到航空运输发展的影响，LCC 服务的引入大大提高了许多目的地的运输客流量，如廉价航空公司的出现开辟了新的旅游市场（Signorini、Pechlaner、Rienzner，2002），长途包机的出现使得加勒比群岛、马莱迪夫和塞舌尔等目的地得以发展（Kaspar，1993）。Bieger、Wittmer（2006）构建了航空运输和旅游目的地的关系模型，见图 2.3。指出在航空运输供给方面，航空公司的网络结构，尤其是目的地机场在这些网络中的位置，可能会影响目的地市场的可进入性，从而影响票价结构和将要旅行的游客类型。旅游目的地的吸引力往往源于其自然资源，如其固有的自然美景或当地文化、人造基础设施，这些人文和自然资源是相互关联的，自然资源可以为基础设施的发展提供良好的基础，基础设施可以和自然资源或当地文化相结合，产生协同效应，进一步刺激游客的需求。国际航空公司联盟通过影响票价和总旅行时间、连通性和合作促销来影响旅游目的地（Morley，2003a），航班行程属性的变化可以为周边目的地带来额外的游客（Koo et al.，2017）。

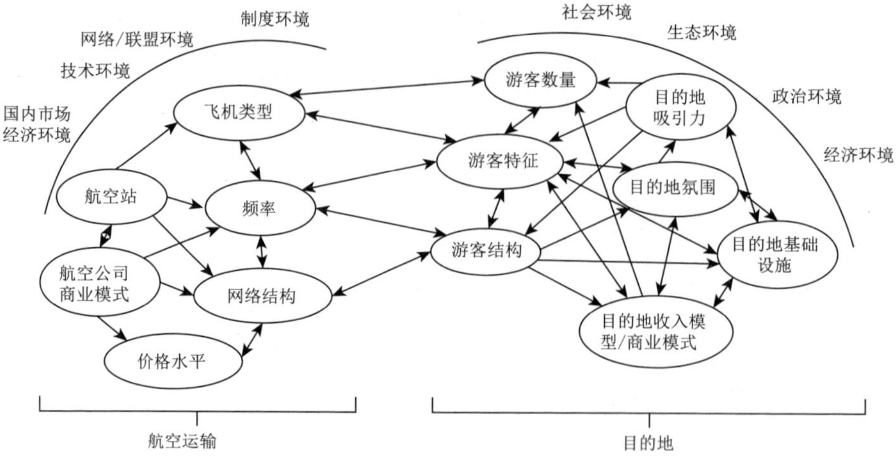

图 2.3　航空运输和旅游目的地系统模型

资料来源：Bieger T., Wittmer A.. Air transport and tourism—perspectives and challenges for destinations, airlines and governments［J］. Journal of Air Transport Management, 2006, 12（1）: 40–46.

2.4.4 航空运输与旅游经济效益

旅游交通是旅游发展的必要条件和基础，对区域旅游经济的发展具有重要作用。民航投入能显著促进地方旅游经济发展（钟皓凡，2020）。乔伟（2011）采用投入产出模型探究了航空旅游对上海经济的影响，研究结果表明，旅游消费能带动服务业、商业、运输业等经济增长。航空运输能促进入境旅游经济的发展，入境旅游贸易和中国国际航空客运运输之间有长期稳定关系，国际航空运输促进入境旅游服务贸易增长，但其受到的外部冲击也会显著影响入境旅游服务（杨长春、方玺，2014）。王敏（2015）的研究表明，民航运输旅客吞吐量与旅游总人数、旅游总收入之间均呈现高度的正相关性，这说明西部民族地区旅游业与民航运输业紧密联系，是共生共荣、互惠互利的发展关系。Samadi、Ahang

（2015）探究了航空公司和旅行社之间的关系，研究结果表明，航空公司的关系营销会显著影响与旅行社的关系绩效和关系质量，关系绩效会显著影响关系质量，进一步的关系质量会显著影响旅行社绩效。航空运输对目的地的经济具有重大影响，包括旅游业，反之亦然（Henderson，2009；Lian、Denstadli，2010）。旅游业刺激了包机航空公司的发展（Bieger、Wittmer，2006），开辟了新的目的地和旅游市场，并影响了专门作为边境口岸、枢纽或中转站的目的地发展（Lohmann、Duval，2014）。

在经济影响方面，Hakim、Merkert（2016）探究了南亚国家的航空运输与经济增长之间的因果关系，研究证实了从经济增长（GDP）到航空客运以及从GDP到航空货运活动的长期单向格兰杰因果关系，在南亚背景下（收入低、人口众多），相对较小的航空增量变化似乎不会对相关国家的GDP产生重大影响。高效的航空运输服务可以促进区域一体化、劳动力流动以及培育当地产业来促进区域经济发展（Brugnoli et al.，2018）。Hu et al.（2015）探究了经济增长与国内航空客运之间的短期动态、长期均衡关系和格兰杰因果关系，结果表明，经济增长与国内航空客运量之间存在长期均衡关系。航空客运量增长1%将导致实际国内生产总值（GDP）增长0.943%，从国内航空客运量到经济增长之间存在短期单向格兰杰因果关系。

2.4.5 航空运输与旅游需求

Alsumairi、Tsui（2017）的研究表明航空运输发展与旅游业发展之间存在积极的关系，航空公司运力增加会使到达沙特阿拉伯的国际游客增多，航空旅行市场份额不断增加，会进一步促进旅游业的发展。已有研究认为航空运输和入境旅游密切相关，二者是相互影响和相互作用的关系（王兆峰，2012）。也有研究探究了航空旅行需求，Boonekamp、Zuidberg、Burghouwt（2018）探究了航空旅行需求的最重要决定因素，主要包括GDP、人口、旅游、种族联系和依赖航空业的就业，国家之间的种族联系和大量依赖航空业的就业份额都会刺激乘客需求增加。Keshavarzian、Wu（2020）的研究表明航空机票信息会影响游客的目的地选择行为。收入、成本和时间等传统关键需求驱动因素对航空旅行仍发挥重要影响，在欠发达经济体，经济增长可能仍将在刺激新旅行者的旅行增长方面发挥重要作用；而在较发达国家，旅行成本的降低对鼓励更多旅行行为的产生具有更大影响（Graham，2006）。国际旅游与国际航空运输之间具有显著的相互依赖性，国际旅游需求水平取决于特定目的地的旅游商品和服务成本以及国际运输成本，国际运输成本越高，可以消费的旅游商品和服务数量（价值）就越小，反之亦然（Divisekera，2016）。票价、乘车时间也会影响乘客的选择，商务旅行者比非商务旅行者更愿意付费，以减少出入和旅行时间（Jung、Yoo，2014）。

也有研究探讨了低成本航空和旅游需求的关系。Martinez-Garcia、Ferrer-Rosell、Coenders（2012）探究了商务旅游者和休闲旅游者在低成本航空需求方面的不同。在时间方面，商务旅游者与休闲旅游者不同，商务旅行者停留时间较短，活动较少；在航班时间、天数和机票类型方面，二者类似。低成本航空公司通常为更注重价格的商务旅行者提供一种更好地满足他们要求的产品，如航班频率、变更预订的灵活性，以及明显更低的票价。研究发现票价、行李限额和目的地机场是影响航空公司选择的重要因素。商务旅行者和非商务旅行者的选择行为存在显著差异，后者更愿意为行李服务和日间抵达支付更多费用，尤其是使用二级机场（Chang、Sun，2012）。Cho、Ali、Manhas（2018）探讨了感知风险对旅客乘飞机旅行意愿的影响，结果表明，社会心理风险、财务风险和绩效风险是乘客乘飞机旅行意愿的显著负向预测因子，身体风险是乘客乘飞机旅行意愿的一个不显著预测因子。对于低成本航空公司的乘客来说，身体风险和绩效风险是重要的预测因素，而社会心理风险和财务风险是他们乘飞机旅行意愿的非重要预测因素。

2.4.6 航空运输与旅游业关系

航空和旅游密切相关，二者相互促进，实现共同繁荣（Alsumairi、Tsui，2017）。胡道华、赵黎明（2016）的研究发现，我国旅游业和航空运输业之间存在显著正向相关，民航客运与国内旅游市场、入境旅游市场和出境旅游市场也都呈显著正相关。王姣娥、王涵、焦敬娟（2016）基于历时性数据探究了不同层面的旅游业和航空运输业之间的关系，研究结果表明：旅游业和航空运输业之间具有显著的时空相关性。在省域尺度上，可将二者发展水平的相对关系划分为 4 种类型，高—低磨合型、高—高协调型、低—低协调型、低—高磨合型；在全国尺度上，旅游业与航空运输业之间的关系呈现长期均衡，前者对后者的发展贡献率小于后者对前者的贡献率水平。苏建军、刘义花、于正松（2014）探究了旅游发展和民航客运之间的关系，他们采用 1985—2010 年的时间序列数据，利用协整分析法、格兰杰因果法对二者的关系进行动态检验，结果表明：旅游发展与航空客运之间存在长期稳定的均衡关系，航空客运能显著促进旅游客流的增长，并且航空客运的变化对旅游发展有较长的冲击作用，航空客运对国内旅游的影响比入境旅游更大且稳定。何调霞、黄成林、梁双波（2007）探究了我国旅游业和航空运输业之间的发展规律和相互关系，研究结果表明，我国航空运输业与旅游业之间的相互关系趋于协调和强化，但有明显的阶段性和波动性，航空运输业与旅游业之间的相互作用机制比较复杂，二者相互促进，但受外部因素影响较大。

2.4.7 低成本航空与旅游业发展

低成本航空公司对旅游业发展有重要影响，使得乘客需求显著增加（Boonekamp、Zuidberg、Burghouwt，2018），在区域旅游业可持续发展方面具有重要作用和位置（Yordanov，2019）。Hong（2017）探究了新西兰低成本航空公司（LCC）对国内旅游需求和增长的影响，结果表明，LCC 的服务、人均 GDP、区域旅游指标（住宿、餐饮）以及陆路运输成本影响了新西兰的国内旅游业，LCC 对新西兰国内旅游业（当地 / 区域旅游管理机构和旅游运营商）具有重要影响。Jin、Whang（2011）的研究表明，LCC 不仅增加了济州岛的游客，还产生了新的需求。2009 年韩国低成本航空公司乘客占总乘客的 35%，过去 4 年其平均增长率为 161.7%，而韩国所有全服务航空公司的增长率为 0.3%。Whyte、Prideaux（2007）认为澳大利亚国内航空旅行的增长可归因于两个低成本航空公司（捷星航空公司和维珍蓝航空公司），两家航空公司都从昆士兰目的地的区域旅游中受益。澳大利亚的低成本航空公司通过提供折扣机票和主要国内市场的直达服务，改善了前往澳大利亚州首府城市以外地区的航空旅行（Koo、Wu、Dwyer，2009）。在韩国（Jin、Whang，2011）和意大利南部（Donzelli，2010；Macchiavelli、Vaghi，2003）的案例研究中发现，低成本航空公司（LCC）可以刺激目的地的旅游需求。

此外，研究指出低成本航空不仅对旅游业产生了重大影响，也对劳动力移民、知识、商业连通 / 投资、移动市场产生重要影响（Williams、Balaz，2009）。Donzelli（2010）的研究发现，LCC 有助于创造就业机会和增加旅游收入，并对意大利南部的当地经济产生重大影响，并且对意大利的国内和国际旅游需求也产生影响（Pulina、Cortes Jimenez，2010）。低成本航空将有助于更多的游客到达旅游目的地，但是低成本航空公司只能取代现有的包机旅行习惯，而不是从城市游客那里产生新需求（Smith，2009）。有利的区域社会经济和旅游因素有助于低成本航空公司航线的开通（Wang et al.，2020）。低成本航空具有绝对的竞争优势（Eugenio–Martin、Perez–Granja，2021），对旅游目的地的旅游经济产生重要影响，其能降低游客旅行的交通费用，增加游客前往目的地的次数（Ivanovic、Vucenovic、Baresa，2014）。Vera Rebollo、Ivars Baidal（2009）的研究表明：低成本航空是西班牙国际旅游业中最具活力的组成部分，推动了西班牙旅游业的发展，并且低成本航空的作用逐渐超越了旅游业而进一步影响到土地使用与基础设施规划，加强了西班牙地中海沿岸地产旅游专门化的趋势。

也有相关学者研究航空包机对旅游业发展的影响。从20世纪70年代初到90年代末，旅游包机一直是往返欧洲的推动假日旅游增长的重要因素之一（Williams，2002）。包机航空业务在短途市场表现出快速下滑的趋势，而在长途市场有较大的优势。乘客现在可以购买动态包价产品，从航空公司自己的电子商务平台上自行定制旅行产品包，如航班、住宿、租车、保险、机场停车、地面交通和旅游设施（O'Connell、Bouquet，2014）。

2.5 文献述评

在以上文献回顾的基础上，对文献进行述评，厘清航空和旅游的研究现状，阐述本研究对相关理论和研究的借鉴之处；分析现有关于航空和旅游产业融合研究的不足，理清本研究尝试弥补的理论短板。

2.5.1 现有研究概况

航空客运是重要的交通运输方式之一，是促进交通运输业与旅游业实现融合发展的重要组成部分，航空运输业与旅游业的融合发展程度直接决定了我国交通运输业与旅游业的融合发展水平（周军培，2021）。民航运输业与旅游业的有效融合发展能促进产业结构调整和经济转型升级，需要建立民航业和旅游业的协同发展机制，推进和实现二者的高质量融合发展（邹建军，2015）。牛明秀、苏勤（2020）通过对航空和旅游的文献回顾，把中国航空旅游的研究内容归纳为5个方面：一是作为交通方式的航空对旅游发展的影响及其二者的作用机制，二是作为新兴旅游产业的航空旅游与通用航空发展的分析，三是旅游业与航空业融合对城市经济文化的影响，四是航空旅游业对人才需求和培育问题的探究，五是航空旅游业可持续发展与碳排放的研究；并进一步把航空旅游划分为三个阶段，1987—2004年的“航空＋旅游”发展阶段，2005—2013年的支线航空旅游业兴起阶段，2014年至今的航空旅游多元化发展阶段；他们发现航空旅游的研究具有分散化特点，发表论文数量呈增多趋势，高质量的论文研究不多，而且目前的研究多是从企业管理和交通管理的视角剖析航空旅游发展现状及其对经济的影响，缺少对航空领域理论研究。

在国外研究方面，Papatheodorou（2021）认为旅游航空运输相关学术研究主要包括：（1）航空公司商业模式（如全服务航空公司、包机和低票价航空公司）、战略（如战略联盟）和机场类型（如枢纽与区域、非商业化与高度商业化）及其对乘客体验和消费者行为的影响，网络扩展和连通性，以及区域和旅游业发展；（2）航空政治与旅游业之间的联系，如航空业的空中交通管制 / 放松管制 / 自由化对旅游业发展的影响，以及航空运输政策在旅游业中的作用；（3）航空公司与机场目的地当局的关系，重点是航线开发和旅游业发展。Spasojevic、Lohmann、Scott（2018）的研究指出，近30年航空运输和旅游业的跨学科研究一直呈增加态势，并为航空运输、旅游研究人员创造了一个利基研究领域；已有研究主要聚焦于7个研究主题：（1）航空市场：成本、承运人和包机服务、区域航线，（2）机场：容量、承运人服务、网络、乘客满意度，（3）可持续发展：气候变化、排放、旅游政策、航空政策，（4）航空公司：网络、低成本服务、乘客，（5）联盟：安全法规、服务质量、营销，（6）管理：信息模型、研究、团队，（7）旅游目的地：航空运输和旅游案例研究。

2.5.2 研究存在不足

国内外主要聚焦于航空产业与旅游产业融合的研究，主要包括以下几个方面：航空监管变化和航空自由化对旅游产业的影响、商业模式创新、对目的地影响、航空旅游客源市场、产业结构变化等。关于旅游产业和航空产业之间的相互关系与作用机制研究还很不足（苏建军、刘义花、于正松，2014）。在新发展格局下，航空产业和旅游产业融合研究已经成为重要研究内容，但关于二者融合的高质量论文研究较少，缺少对航空和旅游产业的融合研究。Efthrimiou、Arvanitis、Papatheodorou（2016）等对航空和旅游业的关系进行了简短讨论，虽然航空运输和旅游业是相互依存的部门，但很少有人研究它们之间的相互作用（Spasojevic、Lohmann、Scott，2018）。而且由于航空和旅游产业融合存在较为复杂的融合机制，需要加强对航空和旅游产业融合的政策、航空和旅游产业结构关系的演化等的研究（牛明秀、苏勤，2020）。

总体来说，关于航空和旅游产业融合的研究还较少，关于航空和旅游产业融合的机制还缺乏系统的研究，尚未形成比较系统的理论。借鉴已有关于航空和旅游产业融合的相关研究，本研究将重点探究航空和旅游产业融合动因、路径和模式等。

一是针对航空产业和旅游产业融合的动因到底包含那些因素，具有怎样的内在作用机制，现有研究还存在诸多不足。已有关于产业融合的动因、旅游产业融合的动因研究，并没有考虑到航空产业的特殊性。因此，需要基于航空产业和旅游产业的特殊性，对二者融合的动因进行系统分析，构建航空和旅游产业融合动因的理论框架。

二是航空产业和旅游产业融合的路径是什么，不同路径间存在什么样的关系，已有关于产业融合路径、旅游产业融合路径的研究结果，不能直接应用于航空产业和旅游产业的融合路径。需要结合旅游业和航空业的新发展格局，对航空和旅游产业的融合路径进行探究，构建解释航空和旅游产业融合路径的理论模型。

三是航空产业和旅游产业存在什么样的融合模式，不同融合模式之间具有怎样的相同与不同之处，探究航空和旅游产业融合模式，对航空产业和旅游产业的实践发展具有重要的理论与实践启示。

四是在以上研究的基础上，通过选取代表性案例企业，对航空和旅游产业融合开展实证案例分析，总结航空和旅游产业融合的实践发展现状，为本研究的建议与对策的提出奠定分析基础。

2.6 本章小结

本章主要对以下几个方面进行了剖析：

第一，对旅游产业、航空产业、产业融合、航空和旅游产业融合的概念进行了清晰的界定与阐释。

第二，本研究对所使用的价值链理论、产业链理论、旅游产业链理论等进行了梳理与分析，并对航空和旅游产业融合的动因、路径和模式等进行系统探究。

第三，对航空政策变化对旅游发展的影响、航空商业模式与旅游业发展、航空运输对旅游目的地影响、航空运输与旅游经济效益、航空运输与旅游需求、机场与旅游业发展、航空运输与旅游业关系、低成本航空与旅游业发展等研究主题进行了系统的梳理与阐释，为本研究奠定研究基础，厘清现有研究内容和存在的不足之处，以及本文对已有研究内容的继承与发展。

第四，基于文献回顾与述评，梳理清楚现有关于航空和旅游产业融合研究存在的不足之处，并进一步提出本文的具体研究问题和内容。

第3章 航空和旅游产业融合动因研究

本章主要对航空产业和旅游产业融合的基础和动因进行剖析。首先，对航空和旅游产业融合的基础进行了探究，厘清航空产业和旅游产业融合的内在特征。其次，对航空产业和旅游产业的关系进行了梳理，二者之间存在紧密的关系，二者相互依赖、相互影响，并且相伴共生。最后，对航空产业和旅游产业融合的动因进行了探究，主要从内部动因和外部动因两个视角剖析相关因素，并构建航空和旅游产业融合动因作用机理模型。

3.1 航空和旅游产业融合基础

本小节主要对航空产业和旅游产业融合的基础进行分析，产业融合的基础在一定程度上决定了产业融合的范围、深度和广度，航空产业和旅游产业具有很强的产业关联性，具有良好的产业融合基础。

3.1.1 产业关联性强

产业关联是航空产业和旅游产业融合的基础，产业关联性的高低直接影响产业要素间融合程度的高低，进一步影响着产业间是否能实现有效融合。航空运输和旅游产业都属于旅游产业链的上下游产业，旅游产业链包含食、住、行、游、购、娱等产业，航空运输是旅游交通的重要方面，航空产业和旅游产业具有天然的产业关联。航空产业也具有较强的关联性和渗透力，包含低空旅游、通用航空旅游、航空工业旅游等，这些都是旅游产业的重要组成部分，在一定程度上能直接推动旅游产业发展。旅游产业与航空产业在观光游览、休闲娱乐等方面具有较强的相似性与关联性，二者互为发展的载体，共同促进。航空运输需求严重依赖空间固定的活动，这些活动大多与休闲、商务、探亲访友和其他目的的旅游相关。此外，航空货运在供应链和物流中发挥着重要作用，特别是在繁荣但偏远的旅游区。航空运输和旅游业都具有很强的周期性，对经济、社会和政治环境的变化高度敏感（Papatheodorou，2021）。大多数商业航空运输服务与旅游业密切相关，因为不同类型的游客（商务、休闲和其他类别）是航空公司和机场的直接客户（Papatheodorou，2021）。

航空产业与旅游产业能够互促互进，相互发展，二者的强关联性使得航空旅游产品更能满足游客需求，主动进行产业升级和转型，创造出新的产品和业态，满足游客需求。同时，二者融合也能提高资源利用效率，降低成本并获得更高利润。航空产业为旅游产业注入新的活力和资源，为旅游业持续不断地输入客源，带动旅游产业发展；旅游产业的发展能吸引更多游客，为航空运输提供更多客源。因此，旅游产业的发展，不能忽视航空运输、机场、航线等航空资源的作用；航空产业的发展也不能忽视旅游资源、游客需求等旅行服务对航空运输的影响。正是由于航空产业和旅游产业存在较强的关联性，给二者的融合提供了基础。

3.1.2 消费需求升级

随着游客消费需求的增加，以及“旅游 +”和“+ 旅游”的产品和业态创新，旅游产业的范围和边界也在不断扩大。《“十四五”旅游业发展规划》也指出要立足健全现代旅游业体系，加快旅游业供给侧结构性改革，加大优质旅游产品供给力度，激发各类旅游市场主体活力，推动“旅游 +”和“+ 旅游”，形成多产业融合发展新局面。随着旅游产业转型升级，旅游市场结构也呈现高级化发展。如今，消费者已经不再满足于传统的观光游，而是更加注重休闲度假等体验性产品，高品质的复合型旅游产品更加受到游客欢迎。游客已经不再满足于陈旧的场景和传统的服务，而是着眼于高质量发展的战略要求，通过产业融合培育科技和创新动能，新的产品和消费场景，满足品质旅游新需求。旅游者对内容和品质的需求重塑现有产业供给，也不断吸引更多跨界主体进入，产业边界不断扩展，产业融合度不断提升。航空产业和旅游产业融合形成的新业态、新产品和新模式等可以满足消费者对品质旅游的需求。航空和旅游产品融合能为游客提供单一产品无法提供的旅游体验。

3.1.3 市场基础

航空运输和旅游业之间有着密不可分的联系（Duval，2013），在2014 年，超过一半的国际游客（54%）乘飞机旅行（UNWTO，2015）。根据 ATAG（2020）① 的数据表明，58% 的国际游客在 2018 年乘飞机旅行，而 1980 年乘飞机出行的人则是 35%。此外，航空运输对旅游业产生

① ATAG（2020）. Aviation benefits beyond borders. Geneva：Air Transport Action Group.

了直接就业影响，估计在酒店、餐馆和旅游景点等部门有 1960 万个就业机会；如果还考虑到各种乘数效应，总影响达到 4480 万个工作岗位和 1 万亿美元的世界 GDP（ATAG，2020 年）。[①] 航空运输和旅游业是相互依存的（Duval，2013；Forsyth，2006），航空公司通常参与旅游目的地的规划和开发，而旅游目的地可以投资当地机场或开发新航线（Lohmann、Vianna，2016）。旅游产业的发展给航空产业带来了更多的市场客流，航空产业给旅游产业带来了更大的发展空间。尤其是航空机场布局和航线开通对偏远地区旅游目的地的发展具有重要作用，提高了目的地的通达度，让更多的游客前来；旅游业的发展带动航线的开通、低空旅游、通用航空旅游等快速发展，这两个产业在一定程度上拥有相同的市场，两个产业相辅相成，实现共同繁荣。

3.1.4 经济基础

《“十四五”旅游业发展规划》提出，我国将全面进入大众旅游时代。在大众旅游时代，乘飞机出行也进入大众化消费时代。虽然短暂的不利因素影响了航空业的快速发展，但这不会改变中国航空业高质量发展的走向，中国经济也必然会在未来快速复苏，我国航空业也必将迎来大发展。目前我国有颁证运输机场 241 个，地级市覆盖率达到 91.7%，以机场为核心的综合交通枢纽加快形成。未来我国经济的高质量发展，使得人们的收入增多，消费意愿增强，尤其是精神性消费和享乐性消费将快速增长，旅游活动作为重要的享乐性消费，这必将带动整个旅游产业链的发展，为航空和旅游产业融合发展奠定了基础。虽然受疫情影响，但我国的旅游人次仍保持增长状态，由下图 3.1 可知，2021 年，国内游客人次达到 12.8% 的增长速度。

---

① ATAG（2020）. Aviation benefits beyond borders. Geneva：Air Transport Action Group.

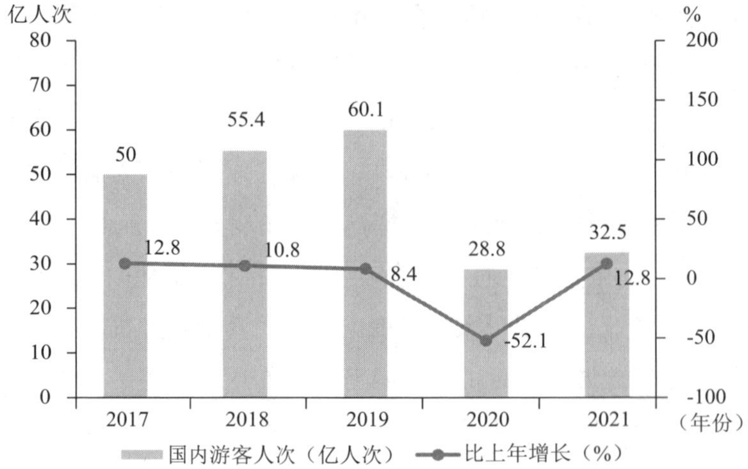

图 3.1　2017—2021 年国内游客人次及其增长速度

资料来源：中华人民共和国 2021 年国民经济和社会发展统计公报。

3.2 航空和旅游产业的关系

本小节主要对航空产业和旅游产业的关系进行探究，分别从航空对旅游产业发展的作用、旅游产业对航空产业的促进作用两个方面对二者的关系进行剖析，在此基础上构建了航空产业和旅游产业融合发展的理论模型。

3.2.1 航空促进旅游产业发展

3.2.1.1 推动旅游者出行便利化

我国旅游业的快速发展，在一定程度上也得益于民航客运业的发展，民航客运业的飞速发展为旅游提供了便利的交通，在所有交通运输方式中，航空运输对旅游强度的贡献效应最大（郭向阳等，2020）。航空运输对旅游业非常重要，因为它提供了游客从居住地到旅游目的地的交通（Molnar、Moraru，2015）。

旅游活动具有异地性，旅游者必须使用相关的交通工具才能到达旅游目的地，开展相应的旅游活动。过去人们出去旅游会受到交通制约，近距离的出游还可以选择火车、自驾或者客运，由于以上交通方式的速度相对较慢，需要在路途上花费较长时间，使得人们不能开展远距离的出游活动，尤其是出境旅游；而且较长的旅途时间也会降低旅游者的出游意愿。与其他交通运输方式相比，航空运输具有便捷、快速和高效的优势，能使消费者在最短时间内实现空间上的位移，加快乘客的中转速度，在旅游业中发挥非常重要的作用。航空客运业的快速发展，给消费者提供了更加舒适和便捷的出行方式，能够让人们以更短的时间到达旅游目的地，这不仅缩短了出游客源地与旅游目的地之间的时间距离和空间距离，也在一定程度上缩短了游客与旅游地之间的心理距离，从而增强人们的出游意愿。尤其是低成本航空能够为旅游发展带来更多游客，拓展了游客市场规模和结构，让更多的游客愿意出游（Graham、Dennis，2010）。

出行时间缩短降低了消费者出游的时间成本，在旅游者时间有限的前提下快速到达目的地，从而使旅游者有更多的时间在旅游目的地停留，实现快旅慢游。对于远距离出游，航空运输具有不可比拟的优势，尤其是对入境旅游来说，航空客运的便利度是重要的基础条件，航空运输越便利，入境旅游者的可到达性就越高，也越能增加入境旅游游客量。便利的航空运输不仅能使旅游者选择远距离的旅游目的地，也让人们对旅游目的地有了更多的选择。航空客运为旅游产业的发展提供了便利条件，旅游产业的繁荣发展为民航产业提供了大量客源。旅游交通的便利程度是影响旅游者出行半径的重要因素，说明航空产业与旅游产业具有密不可分的关系。

3.2.1.2 推动旅游目的地发展

旅游交通至关重要，它激发旅游需求，建立起从客源地到旅游目的地的联系（Debbage，2002）。航空客运能破解旅游目的地的交通瓶颈，把旅游目的地优质资源加速转化为经济效益。旅游目的地的交通区位条件不好，高品质的旅游资源也难以发挥其价值。周军培（2021）等的研究表明，航空运输业的快速发展推动了甘肃旅游资源价值的释放，推动了旅游市场客源结构优化升级和规模增大。可进入性较高的旅游目的地会增强游客的出游意愿和重游意愿，从而能带动本地旅游产业的发展。如我国西部地区具有得天独厚的旅游资源，具有很强旅游吸引力，但由于其交通不便利，使得其资源优势难以转化为经济价值。对于西部地区，建设旅游机场、开辟旅游航线和布局航线网络，将有助于解决该地区的旅游交通问题。对于一些岛屿型旅游目的地，航空运输更是起着至关重要的作用，旅游业和交通业相互依赖（Currie、Falconer，2014），而且航空运输是影响出入境旅游的主要因素（Khan et al，2017）。

此外，机场作为航空产业的重要组成部分，对一个城市的社会经济发展具有重大的拉动力，不仅能为旅游者和航空公司提供地面保障服务，还能有效地带动本地旅游发展。旅游业发展与机场有紧密的耦合关系，机场的区位优势对旅游业发展有重要影响（付帼、卢小丽、武春友，2018）。机场基础设施和直达航空公司的建立会改善目的地的可达性，也可能会通过降低游客的财务和时间成本吸引更多人到来促进目的地旅游业发展（Koo、Papatheodorou，2017）。机场布局提高了旅游者的可到达性，增强了区位优势，能吸引更多的旅游者前来。大中型机场所具有的规模效益能对当地经济发展做出重要贡献。民航客运较为发达的地区能整合周边的旅游资源，吸引更多的游客。航空运输业的发展不仅能提高城市品牌形象和旅游服务质量，也能增强旅游目的地的可进入性。与铁路交通相比，航空客运尤其是支线民航机场的建设更具有优势成本效益，每4公里铁路的建设成本就可以建设一座支线民航机场，民航机场通常的平均回报率为1∶7（房奇，2019）。机场的建设带动航线的开通，使目的地的服务和商品的流通更加快捷，并对旅游流的规模和方向产生重要影响，从而带动旅游目的地旅游产业的发展。尤其是当旅游机场距离景区更近，能最大限度地提高旅游目的地的可进入性，带来更多的游客，促进旅游目的地各产业的繁荣。

3.2.1.3 推动区域旅游业发展

在旅游者的旅游决策中，旅游目的地的选择是决策中的重要因素。而旅游目的地的选择受到旅游交通的影响，因为旅游交通的便利程度决定了人们的出游半径。航空运输的航线网络和机场布局会影响游客选择旅游目的地的距离。如果一个地方有美丽风景，但缺少机场和可到达的航空客运网络，则该地的旅游交通可进入性相对较差，这在一定程度上就制约了旅游者的进入，进而会影响该目的地旅游业的发展。对于旅游资源禀赋没有太大差别的旅游目的地，航空客运交通的可进入性程度会影响两地的旅游客流，可进入性较高的旅游地客流会增多，可进入性较差的旅游目的地客流会少。旅游地的可进入性不仅会影响旅游地的游客量，也会影响旅游者对该地的旅游评价，不便利的交通会影响游客口碑，进一步影响旅游者的重游意愿。因此，旅游业的繁荣发展离不开航空客运的支持，二者紧密相关。此外，旅游地的航空网络布局也会影响该地旅游业的发展，网络布局范围越大，航线开通得越多，机场布局越密集，则进入该地的旅游者也越多，进而更能推动旅游地的快速发展；反之，则进入旅游地的旅游者较少，影响旅游业的规模。区域旅游空间系统也会受到交通便利性的影响，交通运输的改善对旅游目的地的空间结构具有扩散作用（杨仲元、卢松，2013）。

3.2.1.4 增强旅游点之间的联系

旅游业是国民经济发展的战略性支柱产业，也是国民经济的重要组成部分，而且作为现代服务业，其是资源消耗相对较少、污染较少的朝阳产业，具有显著的溢出效应，带动多个行业的经济发展。旅游产业涉及食住行游购娱多个行业，各行业间需要紧密联系才能为旅游者提供高品质的旅游产品。航空产业的快速发展大大增加了各行业间的紧密程度，加大各行业间的信息流、物流等的传送速度，推动行业间的融合发展，创造新产品、新业态和新模式。同时也促进各种服务之间的联系，推动各地之间的社会、文化和经济交往。合理利用航空运输资源、提高运输效率，降低运营成本，能解决运力不足问题，增加旅游点之间的联结。此外，发展航空产业还可以给旅游地和旅游城市带来更多就业机会，带动旅游经济增长（朱佳，2011）。

航空业能优化区域旅游空间结构。航空客运由点到面的辐射能力和航线网络布局，能更为便捷地实现旅游者与旅游目的地、不同旅游目的地之间的连接，在一定程度上能扩大旅游目的地的市场空间，并能改变旅游者的出游行为。同时，航线网络的形成也有利于推动旅游热点产生，推动新旅游产品、旅游线路和新商业模式的出现。

3.2.1.5 拓展客源市场

航空产业有助于旅游目的地拓宽客源市场，推动市场客源结构的优化升级。机场建设、航线开通、航班增加、航线网络范围扩大等都会给旅游业提供良好的旅游交通供给，增加更多的旅游客流，并能使潜在的旅游者转化为现实的旅游者，能有效拓展客源市场。航空客运还能使远距离的旅游者增加，而远距离的旅游者通常在旅游目的地花费多、停留时间长，能给旅游目的地增加更多的旅游收入，这能够优化旅游目的地的客源结构。如张家界、九寨沟等景区之前交通不便，建设了旅游机场，开辟了多条国内旅游航线，以及较为密集的航班数量，旅游机场的建设和航线网络布局为这些景区带来了大量客源，让很多远距离的游客得以前来游玩，优化了客源市场结构。李佳丽等（2016）的研究表明，在国际旅游市场中，航空客运的时间便利性和通达性较好，有助于扩大目的地国家的旅游市场吸引范围，从而扩大国际旅游市场规模。

3.2.2 旅游促进航空产业发展

3.2.2.1 为航空产业提供大量客源

旅游产业的发展能够为航空产业提供大量客源，提高航空客运的运载率，增加经济收入，航空产业的发展离不开旅游产业的支持。大量的旅游者是航空客运的重要客户群，已经成为航空客源市场的重要组成部分和重要支柱。航空运输为旅游产业提供了高效和便捷的交通，旅游产业也为航空运输提供了源源不断的客源，并带动新航点、新机场、新航线的开发和布局，推动航空旅游产业快速发展，二者通过良性互动实现共同繁荣。旅游业主要是由旅游客源地、旅游交通和旅游目的地三个部分组成，旅游交通是联通客源地和目的地的重要枢纽。

旅游业的发展，特别是新的旅游方式和新的目的地，会通过影响需求进而影响航空运输，尤其是旅游业发展将促使航空公司改变传统的商业模式，发展出新商业模式，如包机航空模式（Bieger、Wittmer，2006）。

3.2.2.2 有助于机场布局和航线规划

不断增长的旅游需求需要新的机场基础设施（Tovar、Martin–Cejas，2010）、新航线开发（Halpern、Graham，2015、2016）以及航空公司、机场和目的地战略之间的协调（Lohmann、Albers、Koch、et al.，

2009）。一方面，旅游目的地的开发，将带动旅游业的快速发展，为航空市场的开辟提供了新的市场机会；另一方面，旅游业发展水平不同造成旅游客流的差异化会对机场建设和布局、航线开辟、航线运量、航班数量和航线网络等产生重要影响，进而会影响旅游目的地的航空网络空间格局。旅游业的发展，促使旅游消费需求不断增长，需要航空客运的支持，会增加航空客运量，对航线开辟、增加航班数量和机场布局等产生积极影响。游客作为航空客流的重要组成部分，其流向和规模的变化对航空网络具有重要影响。游客流量规模会影响航空运输的客运量和机场旅客的吞吐量，以及目的地之间的航班数量和航线时段，因此游客流有助于旅游机场布局和航线规划，并推动区域航空网络的演化；机场和航线增多又提高了旅游目的地的可进入性，从而促使区域航空网络和旅游空间结构实现协同，实现航空产业和旅游产业的融合发展（戢晓峰、刘传颖、李杰梅，2017）。尤其在西部地区，旅游业的快速发展带动了相关支线机场的建设和航线网络布局，旅游目的地会增加旅游机场的数量，更新完善现有机场，增加更多航线，建设航线网络，优化航线布局，增加由主要客源地到本地的航班数量，提高服务水平。

3.2.2.3 带动通用航空旅游业的发展

旅游产业的快速发展，使得旅游者的需求也更加多样化，对创新型旅游产品也更加渴求。航空产业通过创新发展通用航空旅游，这种新型的旅游产品，具有很强的旅游体验感。现有开发的航空竞赛表演、航空休闲体验、运动培训，以及航空研学、航空科普教育、航空互动式体验等都是通用航空文旅业务。还可进一步围绕“通航＋赛事”、会展、活动、研学、低空游览、科普教育、公共服务、旅游、商业服务等多行业融合，推动航空旅游产业发展。为了加快培育通用航空市场，释放市场潜力，2016 年 11 月，国家发改委、民航局、体育总局、国家旅游局联合推出首批 16 个全国“通用航空旅游示范工程”，包括河北省唐山市唐山湾旅游区、内蒙古自治区包头市五当召旅游区、黑龙江省黑河市五大连池景区等 16 个旅游区。

3.2.2.4 带动航空旅游资源的开发

旅游业有较强的关联带动作用，其快速发展也带动了航空旅游资源的开发，增加了新的旅游产品和新的游览方式。如现在广受游客喜爱的低空旅游，旅游者能从更高的角度和更宽广的视野俯瞰自然景观，增加了游客别具一格的旅游体验，这也是旅游目的地的竞争优势之一。个性化、高端化和品质化的低空旅游主题产品，能大幅提升旅游业的附加值，带动旅游收入增多。如云南很早就开发了低空旅游产品，推动了云南旅游业的快速发展。航空工业旅游也是受到游客喜爱的特色旅游产品，如在天津空客飞机生产基地，参观飞机制造。还有当下比较火热的航空博物馆旅游，旅游者在航空博物馆参观航空纪念品，学习航空知识等，尤其是对小朋友具有很重要的科普作用。

3.2.3 航空产业和旅游产业融合

旅游业和航空业之间有着强烈的互惠和共生关系，这一点怎么强调都不过分（Forsyth，2011）。对于航空产业和旅游产业之间的关系研究，可追溯到 1982 年英国学者 Climent 的研究，他基于价格——需求关系，从旅游需求的角度调查分析了从英国到地中海的旅游包机市场特征（Climent，1982）。航空产业和旅游产业的关联程度日益提高，相互依赖且相互促进（卢竹、罗能生，2016），旅游产业推动航空产业的发展，增加其运营收益；航空产业推动旅游产品升级，优化客源结构。对二者关系进行探究能够为宏观战略政策定制提供依据，一方面，旅游产业与航空产业要加强合作，完善机场网络布局，开发特色旅游航线，构建旅游航线网络，开发针对旅游者的航空客运服务；另一方面，旅游业要在市场开发、旅游产品开发等方面考虑航空业的需求，实现二者的携手共进。已有研究也表明，旅游产业与航空产业具有高度的关联性，处于旅游产业链的上下游，二者不仅客源市场存在交叉，面对的客户群体特征也具有相似性，依托航空和旅游地景点、基础设施和服务等能有效开拓共同的市场（杨贵山，2011）。

航空产业助推旅游产业的快速发展，旅游产业增加航空运输的客源，二者紧密合作，实现共荣。旅游需求的增多能够助推交通运输水平的提高，交通运输条件的提高能够推动旅游业的繁荣（杜美龄、孙根年，2015）。旅游业庞大的市场需求，离不开交通客运的支持，而且现在低成本航空越来越为大众所接受，在一定程度上成为首选的航空客运出游方式。区域旅游的发展主要是靠本地旅游资源吸引旅游者，接待的旅游者具有多样性，且产业结构较为分散。区域航空产业发达的地区，旅游产业的发展位于整个旅游产业链的最高端，其接待的对象主要是高端商务旅客、休闲度假旅游者，提供的旅游产品品质较高。这就需要航空产业和旅游产业融合升级，但二者的融合升级不是简单的结合，是两个产业之间相互促进和相互融合的过程，二者要基于市场、基于客源和旅客需求实现深度融合。航空和旅游产业融合发展，能推动产业链升级，旅游产业和航空产业优势互补，推动旅游目的地的发展。学者指出在新常态背景下，新常态是航空业和旅游业的共同特征，有效融合是应对当下挑战的关键，二者要转换思维，在各方面加强合作，走新型融合发展之路（邹建军，2016）。航空和旅游产业的融合模型见图 3.2。

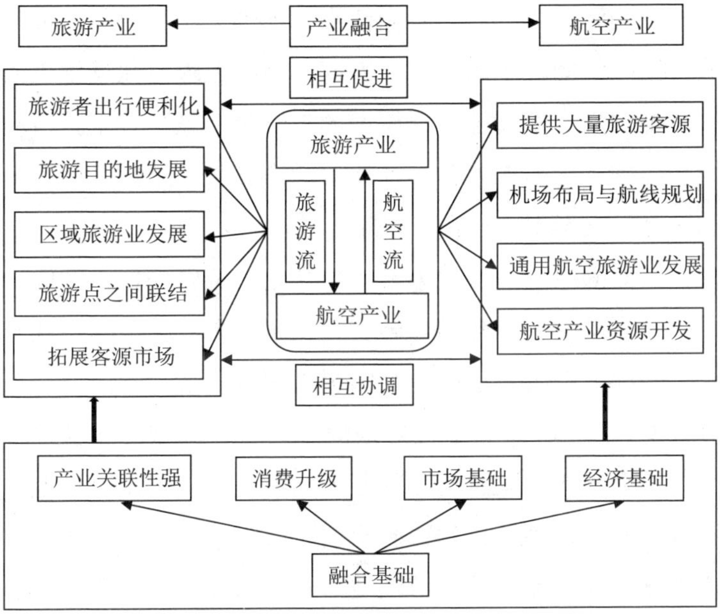

图 3.2 航空产业和旅游产业融合模型

资料来源：本研究绘制。

3.3 航空和旅游产业融合动因

产业融合的动力因素包含多个方面，这些动因之间相互联系，共同构成了旅游产业融合的动力机制。本小节主要对航空产业和旅游产业融合的内部动因和外部动因进行了深入剖析，并构建了航空产业和旅游产业融合动因的作用机制模型。

3.3.1 内在动因

3.3.1.1 旅游需求内在拉动力

旅游者需求是推动航空产业和旅游产业融合的重要推动力。在我国经济快速发展的背景下，人们的生活水平得到了很大提高，可支配收入大幅提升，闲暇时间也不断增多。人们的消费需求由注重物质消费转向更加重视精神消费，对精神生活层面的追求越来越高。旅游活动就是一种精神消费体验，也是在人们的物质生活得到满足之后，有了更多的闲暇时间和可支配收入才产生的消费行为。

目前，人们的旅游消费行为已经由观光游览转向休闲度假，旅游消费内容由单一需求向多元化需求转变，在游览方式上由静态观光向体验参与转变，旅游消费决策也由传统的提前制订旅游计划向即时决策出游转变（李在军，2019）。为了更好地满足消费者的旅游需求，旅游产业也开始进行转型升级，旅游产品和服务向品质化、定制化转型升级，以满足旅游者个性化、多元化和体验化的旅游需求。航空产业是旅游业的重要组成部分，面对庞大的旅游消费需求，依托航空产业开发的旅游产品也成为旅游消费的重要组成部分，航空旅游产品应运而生。旅游消费需求增长为航空产业和旅游产业提供了巨大市场空间，并成为航空产业和旅游产业融合的重要推动力。二者在产业融合过程中所形成的新产品、新业态必然能满足消费者对高品质旅游产品的需求。二者融合形成的航空旅游产品能为消费者提供一站式出行服务，提高服务质量，拥有更高的游客满意度。

3.3.1.2 企业追求发展行为内在源动力

旅游企业和航空企业是实现产业融合的主体，企业对发展的追求是航空产业和旅游产业融合的主导因素。航空企业和旅游企业要想在市场中获得竞争优势，并保持长期的竞争优势和实现利润最大化，就需要不断地创新产品和服务来满足消费者的高品质旅游需求。企业就必须向外寻找新的价值增值点，向产业链的上下游延伸，获得新的发展机遇。这就需要企业之间进行合作，实现产业间的融合与重组。在这种内驱力下，航空产业和旅游产业相融合实现双方企业的价值增值。企业追求发展也会推动旅游企业和航空企业合作朝着纵深和外延拓展。

3.3.1.3 降本增效内在驱动力

旅游产业和航空产业融合发展，能够提高企业之间的沟通效率，降低各种运营成本，以最大限度地提高企业营收。航空产业和旅游产业融合实现降本增效是产业融合的优势所在。旅游业是综合性产业，需要不同行业和企业深入合作，企业之间合作的本质是对利益的追求，航空产业和旅游产业融合的动力就包括两类企业对共同利益的追求，企业间通过合作实现成本降低，效益增加。通过产业融合，加强企业间的合作关系，减少行业进入壁垒，降低企业间的交易成本。通过产业融合，还能实现产业发展的溢出效应获得范围经济，企业能以较低的成本为消费者提供更多产品和服务。单元媛、赵玉林（2012）认为产业融合不仅能推动创新，还能进一步推动经济的增长，是提高效率和降低成本的重要途径，促使企业之间形成新型竞争协同关系。将旅游产业与现代服务业、文化产业等相融合，能推动区域产业转型升级，实现旅游产业融合效益。

3.3.1.4 产业升级的内在引擎力

在我国旅游业高质量发展背景下，加快各类旅游产业的转型升级是高质量发展的重要任务，也是航空产业和旅游产业转换发展动能，实现产业结构优化的内生需求。产业升级包含价值链、生产要素等，是产业从低效益向高效益转变的过程。产业升级包括产业融合，产业融合是产业升级的过程表现，也是其重要组成部分（何卫华、熊正德，2019）。航空产业和旅游产业融合升级体现了价值链的重构和升级，产业链上的企业通过多种方式实现合作，各要素间实现融合，提升整个价值链，是实现产业升级的重要方式。航空产业和旅游产业融合将从三个方面推动产业升级，产业融合将推动产业结构优化，推动航旅新业态的产生；产业融合将促使航空企业和旅游企业实现提质增效；产业融合有助于航空产业和旅游产业实现资源优化配置，提高企业效益。

3.3.2 外在动因

3.3.2.1 信息技术外在支撑力

信息技术的快速发展为旅游产业融合变革和创新提供了强大推动力，旅游业和航空产业都是信息依托型产业，与信息技术密切相关，信息技术的快速发展是推动旅游业变革发生的主要驱动力（杨彦锋，2012）。旅游中的科技应用也越来越广泛，如5G、AR、区块链、大数据技术、虚拟现实、云计算等。在旅游产业高质量发展背景下，推进产业发展的数字化、信息化和智能化进程是产业转型升级的必然要求，现代信息技术将为旅游消费创造新的消费场景、提供新的服务模式、提供创新的旅游产品，以及提供新的旅游体验等，信息技术为旅游产业的创新发展和提质增效提供新思路、新方法和新途径，提高消费者的参与感、体验感和满意度。在智慧旅游快速发展的背景下，信息技术在推动航旅产业融合发展方面具有重要作用。信息技术有助于加快航空产业和旅游产业之间的信息沟通与交换，提高信息沟通效率降低运营成本。信息技术还能对航空产业和旅游产业已有的技术进行改造，形成跨越行业壁垒且能够供二者共同使用的技术模式，能有效促进航空产业和旅游产业融合。信息技术能降低航空产业和旅游产业的生产和运营成本，创新产品内容，提高服务品质。如利用大数据技术挖掘消费者的出游特征、出游习惯、出游偏好，以及旅客流向等，为旅客提供个性化的旅行服务，如接送机服务、酒店住宿服务等；还可根据客流完善航线网络布局，针对游客较多的热门旅游地，增加航班密度、开辟新航线等。根据旅客的中转换乘需求，提升服务质量和水平，完善地面交通的衔接，提高旅客中转效率，实现航空旅游服务横向和纵向一体化发展。

3.3.2.2 政府政策外在扶持力

政策环境的优化有利于营造推动产业融合发展的外部环境。政府的产业规划、产业政策对产业发展起着重要引导和保障作用，相关政策的引导对航空产业和旅游产业的融合发展具有重要推动作用。近年来，国家在多个政策文件中都指出要加强航空产业和旅游产业的融合发展，具有鲜明的政策导向性和指引性。在 2022 年 1 月发布的《“十四五”旅游业发展规划》中，明确指出要“选择一批符合条件的旅游景区、城镇开展多种形式的低空旅游，强化安全监管，推动通用航空旅游示范工程和航空飞行营地建设。优化重点旅游区域机场布局，推进通用航空与旅游融合发展”。在《“十四五”现代综合交通运输体系发展规划》中，还明确指出“有序推进通用机场规划建设，构建区域短途运输网络，探索通用航空与低空旅游、应急救援等融合发展”，在交通规划中也强调要推进机场建设、发展低空旅游等。2021 年 5 月，民航局、文化和旅游部联合发布了《关于促进民航业与红色旅游深度融合创新发展的指导意见》，该《意见》明确提出要加强航空产业和红色旅游产业的融合，主要围绕基础设施、航线网络、产品创新等方面提出具体举措，使红色旅游地区民航基础设施条件进一步改善，航空运输通达性明显提高，航空运输产品更加丰富，航空运输服务质量有效提升，更好地满足人民群众对红色旅游航空出行的需求①。这些政策文件的出台表明，推动航空产业和旅游产业融合成为旅游产业融合发展的重要方向，也明确了航空产业和旅游产业融合发展的路径、方式和内容，成为推动二者融合发展的重要政策推动力。不仅为旅游产业和航空产业的高质量融合发展提供了理论依据，

① 《关于促进民航业与红色旅游深度融合创新发展的指导意见》正式印发（caac.gov.cn）

也为旅游企业和航空企业开展业务提供了具体的实践指导。

3.3.2.3 市场竞争外在推动力

航空产业和旅游产业都属于现代服务业，而且都同属于旅游产业链的上下游。两个产业都面临着提高资源配置、市场竞争激烈和供需错位的发展压力。这些市场环境压力促使航空产业和旅游产业要通过产业融合来优化资源配置，提高产品价值，提高在整个旅游产业链上的价值。旅游业市场产品存在同质化、服务质量不高，以及企业间的恶性竞争等问题。尤其是在新冠肺炎疫情影响下，大量旅游企业面临着生死存亡；而且受疫情影响，旅游者的旅游需求也发生了很多转变，传统的旅游产品已经不能满足旅游者需求。旅游企业需要新的发展之路，实现企业可持续发展。受疫情影响，航空客运也面临着客源减少，航班随时被迫取消的问题。2022 年春运（1/17—2/25，共 40 天）全国旅客发送量（包含民航、铁路、公路、水路）同比增长 22%，仅为 2019 年同期 36%。其中，航空春运比 2021 年春运同期增长 12.5%，为 2019 年同期 55%。航司短期业绩继续承压，客流恢复需待疫情得到控制。旅游产业和航空产业都面临着客流减少，发展压力增大等问题，这也使得二者需要通过融合发展来创造新的产品和服务，增加企业营收。对于旅游产业而言，通过航旅融合可以拓展发展空间，不断开发新产品，丰富旅游产品的形式和内容。对于航空产业来说，通过航旅融合可以实现资源的价值增值，延伸产业价值链，拓展客源市场和发展布局。航空产业和旅游产业融合可以提高两个产业的核心竞争力，推动产业转型升级，最终发展成为高知识性、高层次性、高增值性的高级属性的现代服务产业。

3.3.2.4 区域经济发展外在牵引力

区域经济发展是航空产业和旅游产业融合的经济基础。航空产业对一个地区的经济发展有着较大影响，机场布局、航线网络和航班数量等会影响区域通达性，进而会影响本地的可进入性。可进入性好的区域，客流、信息流和物流会增多，并带动区域的商贸、旅游消费、投资等增多，推动区域经济的发展。一方面，区域经济的发展会为机场建设、航线网络开辟等提供经济支持，不断优化区域航空网络布局，提高区域可进入水平；另一方面，区域经济发展能带动更多的旅游投资，优化旅游供给，并促进航空和旅游在产品、功能、空间等的融合发展。区域经济发展布局也会影响旅游产业和航空产业的布局和空间结构演化，对二者的融合也产生一定的影响。经济的繁荣发展必然使航空产业和旅游产业的关系愈加紧密，推动航空旅游产业的投资，丰富航空旅游产品供给。

3.3.3 融合动因作用机制

航空产业和旅游产业融合的动因主要包括内部动因和外部动因，内部动因主要包括产业升级（引擎力）、旅游需求（拉动力）、降本增效（内驱力）和企业追求发展（源动力）；外部动因包括政府政策（扶持力）、信息技术（支撑力）、市场竞争（推动力）和区域经济发展（牵引力）。本文基于航空产业和旅游产业融合的内部动因和外部动因构建了航空产业和旅游产业融合动因作用机制模型，见图 3.3。在模型中，内部动因和外部动因相互影响，共同作用于航空产业和旅游产业融合。旅游需求的拉动力会影响信息技术的应用，如疫情下旅游企业借助科技实现对游客的无接触服务，客房服务机器人、酒店自助入住系统、景区智慧旅游系统。科学技术在旅游场景中的应用等，在很大程度上影响了旅游业发展的方式、内容、规模和速度。“十四五”期间，科技助力旅游发展的进程会越来越快，航空旅游产业必然借助科技的发展，创新产品和内容。学者指出，旅游产业融合的根本动力是旅游需求的不断提高（江金波，2018）。旅游需求的转变也会影响旅游企业和航空企业资源观的转变，不断创新产品和服务。正是基于内部动因和外部动因的共同作用，航空产业和旅游产业的融合深度和广度不断拓展。

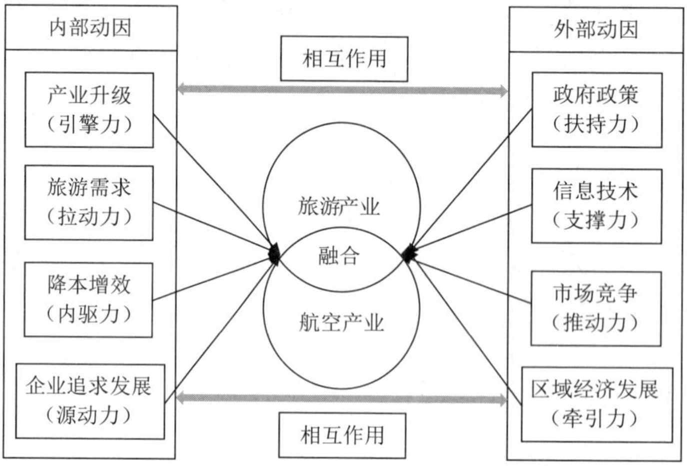

图 3.3　航空产业和旅游产业融合动因作用机制模型

资料来源：本研究绘制。

3.4 本章小结

本章主要对以下几个方面进行了剖析：一是对航空产业和旅游产业融合的基础进行了探究。二是对航空产业和旅游产业的关系进行了辨析。三是对航空产业和旅游产业的融合动因进行了分析。

第一，通过理论分析与文献梳理，研究发现航空产业和旅游产业融合的基础主要包括产业关联性强、消费需求升级、市场基础和经济基础 4 个方面。

第二，研究分别从两个视角剖析了航空产业和旅游产业的关系，并构建了航空产业和旅游产业融合模型。航空产业能推动旅游者出行便利化、推动旅游目的地发展、推动区域旅游业发展、增强旅游点之间的联系、拓展客源市场。旅游产业能为航空产业提供大量客源、有助于机场布局和航线规划、带动通用航空旅游业的发展、带动航空旅游资源的开发。

第三，对航空产业和旅游产业融合动因进行了探究，主要包括内部动因和外部动因，内部动因主要包括产业升级（引擎力）、旅游需求（拉动力）、降本增效（内驱力）和企业追求发展（源动力）；外部动因包括政府政策（扶持力）、信息技术（支撑力）、市场竞争（推动力）和区域经济发展（牵引力）。基于航空产业和旅游产业融合的内部动因和外部动因构建了航空产业和旅游产业融合动因作用机制模型。

第 4 章

航空和旅游产业融合路径与模式研究

本章主要对航空产业和旅游产业融合的路径和模式进行了研究。首先，从价值链解构和价值链重构的视角分析了航空产业和旅游产业融合发展机制。其次，从 6 个方面对航空产业和旅游产业融合的路径进行了分析，并构建了航空产业和旅游产业融合路径模型。最后，对航空产业和旅游产业融合的四种模式进行了分析，并进一步分析了航空产业和旅游产业融合的效应。

4.1 价值链解构与重构

产业融合发展的过程就是新融合的产业价值链形成的过程，产业融合包括原有产业价值链解构和融合后价值链重构的过程（姜永常，2013）。形成的新产业价值链不仅具有已有产业价值链的优势，也使更多环节产生价值增值，从而形成更多的竞争优势。对于航空产业和旅游产业来说，都要经历融合后产业价值链的分解和新产业价值链整合重构。

4.1.1 价值链解构

产业融合使两种不同产业间的要素相互结合，价值链环节重新组合。当旅游产业和航空产业相互融合时，这两个产业上的企业会对自身的价值链业务进行分解，找到两种产业能够实现融合，产生价值增值的业务。然后通过市场融合、渠道融合和技术融合等多种方式，打破原有产业边界，将能实现共同利益增值的业务找出来，通过产品创新、服务整合等使新的产业价值增值点融合到现有的产业链中，使得航空产业和旅游产业的价值得到优化整合。融合后的航空旅游产业能够更好地满足市场需求，有更强的市场竞争力和市场竞争优势。

4.1.2 价值链重构

产业融合的实质就是现实价值链上的产业重新组合，按照新的生产和交易环节进行价值链的重构，形成新的产业价值链，两种产业在融合中创造出新的价值。航空产业和旅游产业属于旅游业价值链上的上下游产业，需要将航空产业要素和旅游产业要素进行重新组合和调整，以形成内容更丰富、形式更新颖的旅游产品和服务组织。在航空产业和旅游产业价值链重构中，要以旅游者的需求为核心导向，对两种产业间的不同要素进行重新组合形成新的航空旅游产品、航空旅游业态、航空旅游模式等，实现产业价值链重构（图 4.1）。

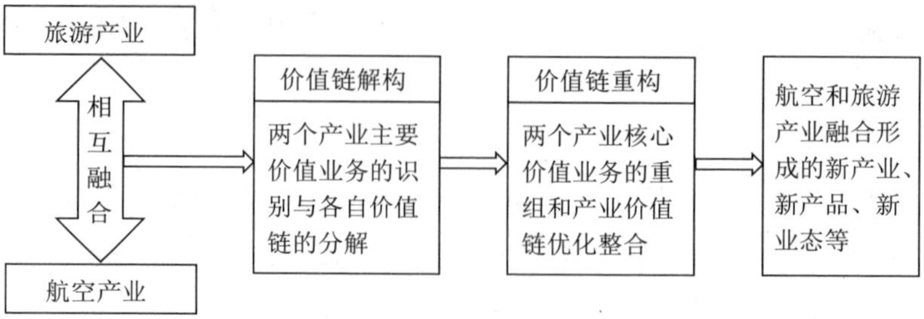

图 4.1　航空产业与旅游产业融合的价值链解构与重构

资料来源：本研究绘制。

4.2 航空产业和旅游产业融合路径

融合路径是指在产业融合动因的影响下，两个产业在融合过程中产生的不同融合路径。航空产业和旅游产业融合主要有 6 条融合路径，分别是资源融合、市场融合、企业融合、产品融合、技术融合和服务融合，在此基础上构建了航空产业和旅游产业融合路径作用机制模型。

4.2.1 资源融合

资源融合是航空产业和旅游产业融合路径的重要途径。航空旅游产品创新的基础是航空资源和旅游资源融合，产业发展的动力就是对各种资源优化配置和整合。航空产业和旅游产业融合发展拓展了旅游业的资源，为行业产品创新、业态创新提供了机遇。航空产业和旅游产业融合发展中的资源融合，不仅指各类旅游购物、旅游活动等狭义的资源，还指旅游业发展中所涉及的广义旅游资源，还包括资金、信息、技术等。在航空产业和旅游产业发展过程中，资源融合为航旅产业发展提供了更广阔的发展平台。二者资源的融合拓展了旅游资源的品类和内容，形成了更多具有航空特色的旅游产品。航空产业和旅游产业融合在资源融合过程中，也会进一步实现管理、资金、技术等方面的融合。如牡丹江机场把区域旅游资源与航空资源有效融合起来，牡丹江机场运力的80%是由旅游带动的；航旅资源深度融合，在牡丹江机场内随处可见区域旅游资源宣传广告、风景画等，机场进港处放有智能显示屏，游客不仅可以在线购票，还能查询景区导览；在机场门口有专门的旅游大巴停车区直达景区；在机场内有限的区域，提供更多的旅游推介和公共服务，为游客提供“无缝衔接”式的旅游体验。① 新疆库尔勒机场在候机楼内加强对本地特色旅游资源的宣传，放置巴音布鲁克、胡杨林公园、罗布人村寨等多幅大型宣传画，让各地游客能在有限时间内体验到当地更多的美景、文化、美食；并积极对接当地旅行社，根据旅客中转衔接时间的长短定制专属出行方案，提高旅客出行满意度与获得感。②

4.2.2 市场融合

市场是资源配置最有效率的形式，是商品交换的空间，在航空产业和旅游产业融合过程中发挥重要的推动作用（李在军，2019）。产业间的企业融合、产品融合和信息技术融合都是以市场融合为导向。市场需求会推动产业间产品创新、服务创新等，创造出更大市场空间，进一步推动航空产业和旅游产业融合。在航空产业和旅游产业融合过程中，旅游者对航空旅游的需求在不断变化中，企业会针对旅游者的新需求提供新产品、新服务和新业态，提升市场竞争力。通过市场融合优化产业市场结构，增强市场供给。因此，市场融合是航空产业和旅游产业融合的重要路径之一。航空客运市场与旅游市场具有一体化特征。航空产业和

① 牡丹江机场：航空＋旅游，发展增添新动能（haiwainet.cn）
② 库尔勒机场积极推进“航空＋旅游”深度融合发展（qq.com）

旅游产业融合能够共同扩展市场客源，根据市场需求的变化，提供满足游客需求的航空旅游产品。航空产业和旅游产业基于市场融合是其发展的必然要求。航空产品是相对更标准化的产品，旅游产品具有非标准化特征，通过市场融合，航空企业和旅游企业共同分析市场需求，了解旅游者出游行为偏好、特征等。

目前，航空企业已经开始与旅游企业合作共同开发旅游市场。湖南省加强航空公司、旅行社、景区和机场的合作，发挥不同行业的优势实现资源共享，共同开发航旅市场。联合开展“锦绣潇湘”航空文旅推广活动，以航线为基础，业务合作为载体，推动市场共建、共赢发展，共同研发新的航空旅游产品，实现对目标客群的精准营销和高质量服务。机场与航空公司、旅游企业加强合作，在航线开发、信息服务、旅游信息提供等方面深度合作，创新航旅营销模式、提供航旅新产品和新业态，同时与湖南文化和旅游厅等开展联合营销及合作推广，做到“航线开到哪儿，促销做到哪儿”；构建以消费者需求为驱动、以“航空 + 旅游”产业为核心、以航旅上下游产业为支撑、以航旅新兴产业为衍生的发展平台，有效推动湖南航空和旅游两大行业的加速发展，更好地满足人民群众对航空、旅游出行的美好需求。①

4.2.3 企业融合

航空产业和旅游产业融合的主体是企业，也是产品融合和市场融合的主体。在航空产业和旅游产业融合过程中，企业将航旅资源、技术市场等要素融合在一起，促进航旅产业融合创新。航空市场和旅游市场的消费需求在不断发生变化，企业间不断打破在产品、资源和服务等的业务边界，航空企业中出现了旅游业务，旅游企业中也有专门开发的航空

① “航空 + 旅游”湖南航空文旅协同发展研讨会召开 _ 大湘网 _ 腾讯网（qq.com）

旅游产品。如大连机场的中转服务惠购物、惠旅游等产品。瑞丽航空非常重视结合旅游和互联网，其在昆明的航线上，提供“机+酒+车”相关的旅游延伸服务。[①]青海德令哈机场以航线为依托，通过与航空、旅游产业的深度融合，将旅游产业链中的旅游、餐饮、住宿等各环节有机结合，提供游客喜爱的航空旅游产品。[②]

上海航空国际旅游（集团）有限公司与中国联合航空公司合作，打造“航空航线+旅游产品”新模式，双方通过航线联合运营，即航空公司航线布点、旅游集团航旅运营，共同建立航旅事业部，航空企业丰富航司网络，旅游企业开拓目的地旅游市场，双方通过合作共同构建完整的航空旅游产业链。双方通过战略合作，一是航空公司将完善和丰富服务体系，提升旅客的旅途体验和口碑，增强旅游者的忠诚度，完善企业航线网络布局；二是有助于上航旅游集团联通上下游产业链，依托航线重点打造国内目的地旅游市场，构建航旅生态圈。[③]

4.2.4 产品融合

航空产业和旅游产业融合的重要环节是实现产品的融合。旅游产品所具有的无形性、生产与服务的同一性、不可存储性等特征，使旅游产品具有较强的可塑性和叠加性。航空产业和旅游产业融合发展后提供的新产品，能有更多的价值，产品的内容和形式更加丰富多样，也更加能满足旅游者需求个性化、多样化和品质化的需求。二者融合形成的新产品决定了航旅产业的核心竞争力。产品融合的路径包括两个方面：一是航空产业和旅游产业通过技术融合将不同功能融合在一起形成新的航旅

---

① 航空与旅游深度融合是发展新趋势 – 中国经济时报 – 中国经济新闻网（cet.com.cn）

② 德令哈机场探索“航空+旅游”新模式助推产业融合发展–海西州人民政府（haixi.gov.cn）

③ 上航旅游与中国联合航空公司签署战略合作协议（baidu.com）

产品；二是航空产业和旅游产业间的不同服务类型和内容在空间和时间上融合形成的航旅服务型产品。在产品形态、产品内容、产品功能等方面呈现出延伸和重组，形成新的航旅产品、服务和业态。

航空产业和旅游产业相互渗透，使旅游产品有了更多的载体，旅游业的内涵得到极大丰富。如现有的“机+酒”产品、“机+酒+车”产品、旅游包机产品等。湖南省通过航空产业与旅游产业融合，在航线上注入湖湘文化元素等，打造主题鲜明、一程多站、适销对路的“航空＋文旅”精品线路及生态、文化、民俗等主题文化旅游产品。如目前广受游客喜欢的通用航空旅游产品，通用航空旅游是航空产业和旅游产业相融合的一种模式，包括运动休闲、空中观光、娱乐飞行等航旅融合产品，已成为吸引游客，增加消费和促进航旅融合的重要载体。通用航空旅游已经有几十年的发展历程，其相关配套设施也较为完善，形成了一系列各具特色旅游产品，为旅客开展空中观光、娱乐飞行等航空旅游活动提供了全新的游览视角和良好的体验经历。张阳等（2018）构建了通用航空旅游产品谱系，共包括5个大类，分别是空中观光、航空体育运动、地面观光、复合型产品、通航主题节会，以及12个亚类、20个类和37种基本类型。

4.2.5 技术融合

航空产业和旅游产业融合的支撑力是技术融合，航空产业和旅游产业在融合发展过程中通过互相学习利用双方的技术，对产业发展的已有技术进行改造更新和融合，创造出新的旅游产品和业态。科学技术在航空产业和旅游产业中的应用为旅游者提供了更加便捷的出行服务。新技术的融合应用减少航空产业和旅游产业的融合壁垒，能够推动产业间建立信息技术平台，提高资源的利用率，创造更多新价值。5G、VR、大数据、区块链、云计算等推动着航空旅游产业业态创新、产品升级等，为旅游者提供了更多的优质供给产品，也有效推动了企业内部产品研发技术、管理运营技术的优化升级。西安航空基地依托西安航展、航空研学旅游基地、航空科技馆、民航安全体验营地等航空资源，推动航空科技与旅游的融合，打造科普研学旅游产品，让游客能沉浸式体验航空科技领域产品，深度接触航空科技，感受航空乐趣。

海口美兰国际机场在海口航空旅游城建立了海口航空科技馆，该科技馆投资近3000万元、面积1319平方米，是集实景体验、航空科普、寓教于乐为一体的航空馆，目前也是国内一家在机场内设置的航空科普教育基地；馆内有专业的互动飞行模拟器、大型客机逃生装置、体感互动游戏、360° 穹幕影院等娱乐设施，使航空科普教育更具趣味性与娱乐性①。

4.2.6 服务融合

航空产业和旅游产业都是现代服务业的重要组成部分，其提供的产品与一般商品不同，主要是无形的服务产品，所以航空产业和旅游产业融合的路径必然包括服务的融合。

旅游者出游涉及一系列服务，包括餐饮服务、导游服务、景区服务、交通服务等，其中，航空客运服务是交通服务中的重要方面。航空客运服务包括旅客从购买机票开始到乘机、行李托运、飞行途中服务，直到旅客下飞机，取行李离开机场等，实现空间位移的整个航行过程的总和。航空服务也具有无形性、不可存储性、生产与消费同一性等特征，这些特征与旅游服务相同。两个产业服务的融合促进了旅游产业链的价值升级和优化，为游客提供了更加高品质的服务和旅游体验。

① 国内首家机场内航空科普教育基地——海口航空科技馆将开馆 _ 央广网（cnr.cn）

4.2.7 融合路径作用机制模型

航空产业和旅游产业的融合路径主要包括资源融合、市场融合、企业融合、产品融合、技术融合、服务融合 6 个路径。在航空产业和旅游产业融合发展过程中，这六个路径相互影响、相互促进，共同作用于产业融合。资源融合是航空和旅游产业融合的基础，市场融合是航空和旅游产业融合的内在原因，企业融合是航空和旅游产业融合的主体，服务融合是航空和旅游产业融合的特色，产品融合是航空给旅游产业融合的结果，技术融合是航空和旅游产业融合的推动力。随着消费者需求的转变，以及信息技术的变革，航空产业和旅游产业融合的路径也会随之发生改变，根据市场需求和产业升级要求随时做出调整形成新的产业融合路径，更好地满足消费者的需求。航空产业和旅游产业融合路径作用机制模型见图 4.2。

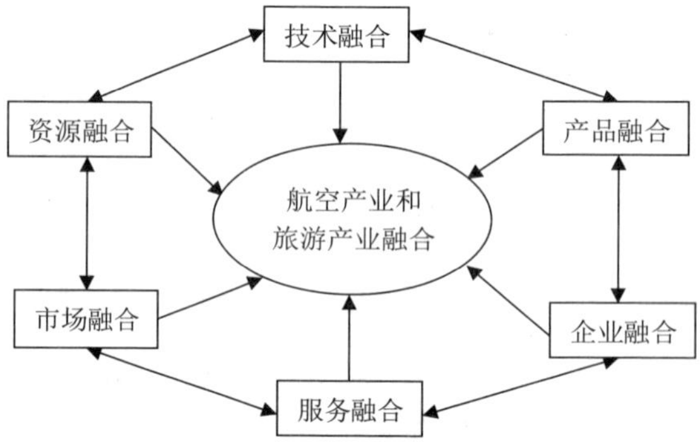

图 4.2　航空产业和旅游产业融合路径作用机制模型

资料来源：本研究绘制。

4.3 航空产业和旅游产业融合模式

航空产业和旅游产业在多个内外部动因的驱动下，以及不同融合路径的作用下，形成了延伸型、渗透型、重组型和一体化融合模式，本节将进一步探究不同模式的融合方向和产品类型等。

4.3.1 延伸型融合模式

延伸型融合模式是指航空产业和旅游产业基于资源开发、市场开发和功能拓展等方式，实现价值链延伸，创造出新的产品、业态和服务等，增加产业链价值，提升产业竞争力。航空产业和旅游产业的延伸型更多的是强调业务领域和产品功能上的延伸，增加新的产业价值，又可分为功能延伸、资源延伸、市场延伸 3 种类型（杨懿、时蓓蓓，2020；望庆玲、孙军、顾敏，2021）。

航空产业和旅游产业间的功能延伸型融合模式主要是指两种产业链中有相似功能或互补功能，以功能融合为切入点实现产业间的融合，使原有的价值链功能更强，甚至产生新的功能实现产业价值链增值（杨懿、时蓓蓓，2020）。一是航空产业和旅游产业间的相似功能融合，航空客运和旅游都是满足游客的出游，实现从客源地到目的地的空间位移。两种产业都是为了给旅游者提供高品质的旅行服务，创造满意的旅游体验。二是航空产业和旅游产业间的互补性功能融合。航空产业和旅游产业链上的业务有各自独特的功能和价值，有些业务功能能够实现价值互补。旅游业能够为航空运输提供客源，让航空运输获得更多的客运收入。航空客运能为旅游业提供便捷、快速的交通服务，提高游客出行的时间效率。因此，旅游产业和航空产业可以实现功能互补。

航空产业和旅游产业的资源延伸型模式是指两种产业通过开发新的

旅游资源、航空资源，或者是对已有的旅游资源、航空资源进行再开发（杨懿、时蓓蓓，2020）。新资源主要包括航空产业和旅游产业尚未被开发利用的资源。对已有资源的再开发主要是指旅游产业或航空产业中具有融合价值，能够产生新产品或新业态的资源，最终实现价值增值。

航空产业和旅游产业的市场延伸型模式主要是指基于消费者的市场需求创造新的产品、活动和消费场景等，可以是旅游产业向航空市场拓展，也可以是航空产业向旅游市场拓展，不仅能延伸旅游产业价值链，满足游客的市场需求，还能延长游客在旅游目的地的游览时间。如国内外很多枢纽机场依托区位优势、完善的设施设备为大量的中转旅客提供旅游服务，如新加坡樟宜机场、韩国仁川机场等都有为旅客提供较为丰富的旅游产品。

中国航空博物馆不仅是国家一级博物馆，也是国家 4A 级旅游景区，排名世界前五，是亚洲第一个集知识型、教育型、旅游型等为一体的大型航空博物馆。中国航空博物馆分为馆标区、天魂碑、洞库大展厅、露天展厅四个主题部分，还有英雄墙、蓝天魂和誓言广场构成的石雕建筑群，以及英雄大道和 11 组铸铜雕塑群等。中国航空博物馆已经发展成为集学习教育、休闲娱乐和旅游服务于一体的综合服务，内设有游客服务中心、宾馆、饭店、航模表演、导游讲解等一系列配套服务。此外，博物馆还经常举办大型展览活动，如航空节、航模比赛、飞机表演等；每年还会举办青少年夏令营和冬令营，让青少年学习航空科普知识，增加爱国主义教育。

西安航空基地依托独特的航空产业资源，打造了航空文化旅游项目雏鹰展翅航空文化科普研学基地。该项目以航空研学为主、亲子娱乐为辅，设置有全息体验区、全动机场沙盘区、真机体验、模拟机飞行区等十大主题区，有飞机和直升机、仿真飞机、模拟机、全息成像等航空设施设备；该项目为青少年提供模拟飞行、机场运控和航空管制、飞机发动机结构原理介绍、VR体验、应急撤离等多种主题的沉浸式航空体验产品，可同时容纳400人参观体验，能培养青少年的航空兴趣，传播航空文化。①

4.3.2 渗透型融合模式

航空产业和旅游产业渗透型融合模式是指这两种产业通过科技、信息和服务创新等方式，使产业间的资源要素相互渗透，使企业在经营管理、服务供给、产品研发等方面的业务联系愈加紧密，最终形成新的业态的过程（杨懿、时蓓蓓，2020）。渗透型融合强调的是航空产业和旅游产业间在原有管理、产品供给和服务提供基础上建立联系或加强联系，主要分为服务渗透型融合和技术渗透型融合（杨懿、时蓓蓓，2020）。

航空产业和旅游产业间的服务渗透型融合是指为了产业发展需要，将产业间的服务内容、服务技术、服务模式等进行融合，提高产业链的服务价值和旅游者的满意度（杨懿、时蓓蓓，2020）。航空产业和旅游产业都属于旅游服务系统中的重要内容，并且都具有各自的服务内容，提供的服务技术、服务内容等有所不同。旅游服务系统不仅包括航空客运服务内容，还包括饮食、住宿、游览、购物、娱乐等服务内容。航空客运的服务主要是旅客值机服务、飞机上的餐饮、行李等服务，旅游服务和航空客运服务存在交叉，二者需要通过服务的衔接和融合为游客提供高质量的旅行服务体验。

航空产业和旅游产业间的技术渗透型融合主要是指运用新技术使产业间产生关联融合，或者是由于产业发展需要引入新技术来实现产业间的融合（杨懿、时蓓蓓，2020）。航空产业和旅游产业的发展都离不开

① 雏鹰展翅航空文化科普研学基地建成揭牌 打造中国航空文化研学旅游目的地（baidu.com）

信息技术的支撑，尤其是在智慧旅游快速发展背景下，大数据、5G、云计算、VR 等科技在旅游产业中广泛应用，为旅游者创造了新产品、新消费场景和新消费体验。同程艺龙和马蜂窝联合发布的《新旅游消费趋势报告 2019》显示，人工智能技术对旅游消费产生了重要影响，为旅游者提供了更加便捷的产品购买方式、信息获取更智能、订单自动化处理等，旅游者能获得全方位的出行服务，在各个旅游消费场景中都能获得全方位的服务；为消费者创造智能交通服务、智能景区游览服务、智能住宿服务等智能旅游体验；AR/VR 技术在旅游业中的应用对旅游者信息获取方式产生了重要影响，并进一步改变了旅游者的出游决策模式。

新加坡樟宜机场不仅是世界上重要的航空枢纽，机场本身也是一个令人难忘的旅游胜地，机场里面汇集购物、餐饮、娱乐等各种各样娱乐休闲活动。尤其是星耀樟宜综合体（Jewel Changi Airport）是一座聚集购物休闲、航空设施、住宿餐饮、景观花园、游乐项目等多功能于一体的机场综合体，里面有热带雨林风格的树冠花园迷宫，以及世界上最高的室内瀑布。①

星耀樟宜综合体有三大特点：一是游乐项目多。机场内有蝴蝶园（Butterfly Garden）、向日葵花园（Sunflower Garden）、仙人掌花园（Cactus Garden）等。游客可以在蝴蝶园亲眼见证幼蛹破茧成蝶的瞬间，了解动物知识和大自然的精妙，还可以在仙人掌园观赏 100 种仙人掌和旱生植物。每个航站楼都有适合家庭一起参与的趣味游乐活动，第一航站楼和第三航站楼有室内游乐场，第三航站楼的公共区域还有新加坡最高滑梯，第二航站楼有家庭游乐区（Family Zone）；携青少年一起出行的家庭可以去第四航站楼的娱乐区（Entertainment Corner），这里有 Xbox

① 新加坡怎么玩，新加坡机场附近住宿，机场娱乐休闲－新加坡樟宜机场官网（changiairport.com）

Kinect游戏和复古街机。二是购物和餐饮一应俱全。仅星耀樟宜就有超过100家餐馆，其中超过30家全天候营业；同时，四个航站楼也都有精选餐馆、美食广场和食阁；机场的各个区域还有数不尽的商店，各类国际品牌应有尽有。三是与航空产业结合，打造了樟宜时空体验馆（Changi Experience Studio），在这里能看到复杂精密的航空世界，拓宽眼界，体验馆内设有一系列沉浸式和互动式活动，可以了解樟宜机场的内部运作方式。此外，樟宜机场的四座航站楼设有许多迷人的雕塑和装置艺术，如1号航站楼迷人的雨之舞（Kinetic Rain）雕塑装置、4号航站楼的羽之灵艺术装置，可以在机场各处拍照留念。①

樟宜机场还提供免费的城市旅游（city walk），包括文化之旅每日5班、城市观光之旅每日2班，游客可以在指定的地点乘车，行程共计两个半小时，途中有两段短暂的休息时间。文化之旅主要是体验新加坡的历史文化，行程中包括殖民区、中央商业区、文化景区——牛车水、小印度、甘榜格南（Kampong Glam）等，可以参观过去和现代的辉煌建筑。城市观光之旅主要是体验新加坡现代、充满活力的一面，行程包括鱼尾狮公园、可观赏宏伟的城市景观，以及由新加坡摩天观景轮、滨海湾金沙、滨海艺术中心等组成的世界级夜景；还能更近距离地观赏壮观奇妙、高耸如阿凡达的“擎天大树”（Supertrees）。②

4.3.3 重组型融合模式

航空产业和旅游产业的重组融合主要是通过产业间的互动作用，打破已有的产业价值链，然后通过产业间的重组，实现产业链上各环节的价值增值，形成新的产业价值链，打造新的融合型产业形态（李佳诺，

① 新加坡樟宜机场 – Visit Singapore 官方网站
② 免费新加坡之旅 | 新加坡樟宜机场（changiairport.com）

2021）。在新的产业价值链中，航空产业和旅游产业的构成要素和业务环节通过重新组合，实现更大的价值增值，创造出新的航空旅游产品、新的航旅服务、新的航空旅游消费场景，打造新的航空旅游商业模式，优化产业结构。航空产业和旅游产业融合主要是通过资源重组、业务重组等，如通过航空赛事、航空展览、航空节庆等对产业资源进行优化整合，如对客流、信息流等进行整合，创造出新的消费产品和内容，提高产业竞争力，实现两大产业共同发展。重组型融合要从广度和深度上拓展两种产业的内容，为航空产业和旅游产业的产品和服务融入更多参与内容、价值感、功能性和体验性内容，满足消费者品质化和个性化的消费需求。

2021 年 9 月，北京大兴国际机场临空经济区（大兴）管理委员会联合同程旅行、中国联合航空公司、中国冰雪网等共同举办了首届大兴航空旅游节，于 2021 年 9 月至 2022 年 2 月线上线下同步举行。节庆活动期间举办“航空节冰雪季”和“世界你好，重新打开世界的 100 种方式”两场不同主题的文旅创意活动，让更多消费者体验冰雪特色和航空文化。大兴航空旅游节致力于打造集航空和科技、文化、旅游相结合的节庆活动，重点突出航空旅游主题 IP，同时与创意航空文旅市集相结合，不仅能更好地满足消费者的高品质旅游需求，还能助推北京国际消费中心建设。在活动期间，消费者能够通过发放的消费券购买航空旅游节提供的盲盒飞行家、“机票 +X”系列产品、冰雪主题、红色经典旅游产品、空铁联运等主题创意产品[①]。

4.3.4 一体化融合模式

航空产业和旅游产业一体化融合模式主要是指两种产业在纵向价值链和横向价值链上全面融合，形成多维的价值链网络结构。如航空旅游

① 首届大兴航空旅游节正式开幕 | 文旅 | 国际机场 _ 网易订阅（163.com）

产品融入休闲娱乐元素，营造旅游场景和消费业态，达到航空业带动旅游业发展、旅游业促进航空业发展的目的。航空产业和旅游产业在科技驱动下，也会向一体化发展。通过运用科技手段将两种产业的不同价值要素连接到一起，形成新的航空旅游产品和服务。同时对与价值链业务相关的信息资讯、交通、公共服务等进行整合，最终形成具有特定主题和特色的一体化融合模式（张樱子，2021）。由该模式形成的产品包括航空主题乐园、航空小镇、通航旅游基地等。

荆门爱飞客航空小镇是首批全国运动休闲特色小镇、首批全国体育旅游示范基地，是全国首个通用航空综合体，也是中国民航科普教育基地、国家通用航空产业综合示范区，荆门爱飞客飞行大会获批全国体育旅游精品赛事。[①] 该小镇以通用航空飞行活动为核心，以航空旅游、航空运动、航空培训为特色。基地有静态飞机展示区、飞行体验中心、飞行营地、水上运动基地、户外拓展基地、跳伞基地、游艇码头等，有航空阻力伞运动、浆板运动等，以及运 -5 飞机《永远的怀恋》红色教育情景剧研学课程等，能够为旅游者提供运动休闲、科普教育、青少年研学、低空旅游、航空赛事、航空体育运动等多样的旅游产品。爱飞客航空小镇着重突出运动休闲、健身专业指导、群体组织机构、公共体育服务等特色。小镇有特技飞行、热气球、跳伞各类专业航空运动专业人，在体验各类航空运动体验时，专业人员会进行一对一的指导陪同。2016 年，该特色小镇实现收入 4.8 亿元，接待游客 60 万人次（朱昊明，2019）。经过多年发展，爱飞客航空小镇已经形成了独特运营管理经验：一是实现镇村公共体育健身设施全覆盖，完善公共服务供给；二是通过举办各类赛事活动，如全国跳伞锦标赛等，提高小镇内场馆的利用率；三是小

① 荆门爱飞客运动休闲特色小镇 给荆门注入“飞”的力量（sohu.com）

镇内的产业实现科学布局，产业间实现深度融合，小镇内有餐饮、会议度假酒店、水上飞行体验基地、航空梦幻乐园、荆楚文化古镇等产品和项目，通航产业与旅游、体育、休闲度假等相融合，为游客提供创新的旅游产品和服务，满足游客多种旅游需求；四是通过招商引资，培育相关企业，小镇吸引了中航、飞行家、爱飞客等企业入驻其中，由不同的公司对不同项目进行运营管理，并采用 PPP 模式培育了一批体育企业，营造了良好的商业氛围，为游客提供了服务保障（朱昊明，2019）。

基于航空产业和旅游产业内外部融合动因的驱动，以及资源融合、市场融合、企业融合、产品融合、技术融合和服务融合等不同融合路径的共同作用，航空产业和旅游产业形成了延伸型融合模式、渗透型融合模式、重组型融合模式和一体化融合模式 4 种类型，并基于不同融合模式的特点形成了不同融合方式、融合方向和主要产品类型，见表 4.1。

表 4.1　航空产业和旅游产业融合的模式

融合模式	融合方式	融合方向	主要产品类型
延伸型融合模式	功能延伸	科普教育	航空旅游研学、航空文化科普、航空博物馆等
		休闲娱乐	空中观光、低空旅游、娱乐飞行等
	资源延伸	工业旅游	航空工业旅游
		航空体育	热气球、跳伞等航空体育产品
	市场延伸	风景区观光	风景区低空旅游、空中游览等
		城市观光	城市游览等
渗透型融合模式	技术渗透	智能化渗透	航空科技体验馆、自助值机等
		信息化渗透	在线信息提供、在线商城
	服务渗透	中转旅游	机场中转旅客服务产品
		酒店商旅	提供住宿、租车等产品

续表

融合模式	融合方式	融合方向	主要产品类型
重组型融合模式	资源重组	产业集聚	航空产业园
	业务重组	节庆会展活动	航空展、航空文化节
一体化融合模式	价值链一体化	主题乐园	航空主题乐园
		特色小镇	航空特色小镇

资料来源：本研究整理。

4.4 航空和旅游产业融合效应

航空产业和旅游产业融合，不仅能实现旅游产业价值链的增值，还能增加相关航旅企业的发展空间，提高企业竞争力，并进一步推动区域社会经济的发展。本小节主要从5个方面分析了航空产业和旅游产业的融合效应。

4.4.1 提高企业竞争力

一是航空企业和旅游企业是航空产业和旅游产业融合的主要融合主体，产业间的融合实现产业链价值增长，提高企业效益。二是航空运输企业和旅游企业融合，不仅增加旅游企业的产品类型，还能带动航空客运量的增长，提升两者的市场效益和市场竞争力。航空产业和旅游产业融合能降低企业生产成本，且由于渠道共享、资源共享、技术共享和市场共享等，会降低企业间的交易成本。三是航空产业和旅游产业融合能使企业开展多元化经营获得更多的协同效应，能够提高企业的资源整合能力、运营管理能力和市场应对能力。航空产业和旅游产业融合能推动企业经营管理创新和组织创新，从而进一步推动产业间的融合发展，使得企业在管理上更加灵活，更愿意开展业务间的合作共享。在航空产业和旅游产业融合背景下，企业也会根据业务变化进行组织变革，创建更加柔性的组织机构，实现在价值链上的增值。航空产业和旅游产业融合后，航旅企业能够提供更多满足市场需要的产品和服务，提高旅游者对企业的忠诚度。

4.4.2 创新产品和业态

航空产业和旅游产业融合能够改变原有的产品功能或形态，产业间要素融合能创新出新的产品和服务。航空和旅游产业融合使得游客花费在交通上的时间大为缩减，给游客提供了更好的旅游体验。越来越多的航空运输企业也采取多种方式提升游客的旅行体验，如推出“机＋酒”产品，地面交通服务等个性化产品。如春秋航空推出机场酒店——嘉虹酒店，为乘飞机的客人提供便利住宿；红原机场依托丰富的旅游资源，推动航空产业和旅游产业融合，打造“航空＋旅游”新模式，开发低空旅游、通用航空旅游等产品，建设“枢纽—支线—通航”三级航线网络运输体系，打造特色旅游体验。①

4.4.3 拓展市场范围

航空产业和旅游产业融合能拓展市场范围，不同产业的市场会出现交叉渗透，这是市场创新最活跃的地方（但红燕、徐武明，2015）。如扬州泰州国际机场旅游实业公司依托机场资源，面向研学旅游市场开发了“航空研学旅游”产品；该产品主要面向6~18周岁的青少年，产品包括波音737系列1 ：1的模型机舱课堂、航空餐厅、航空实验室等，青

① 阿坝红原机场“三个高度”大力发展通航产业（sc.gov.cn）

少年可以 360 度参观停机坪、观察不同的民航客机机型、了解航站基础功能区、运用 VR 设备进行视觉体验、直观体验飞机的起飞和降落等，让特色航空文化与教育旅游融合共生[①]。该航空研学旅游产品拓展了机场的市场消费范围，也为旅游产业带来扩张，为研学旅游市场注入新的活力。航空产业和旅游产业融合还能改变市场结构，由于政策的推动和技术的进步，两个产业融合后的进入壁垒也会降低，大的企业为了获得协同发展效应，会在产业内进行兼并和合作，使市场集中度增加。如携程入股东航，东航会给予携程商旅客户更好的服务，联手为中小企业客户提供更便宜的产品和服务，携程的租车、酒店和旅游等产品也会接入东航的销售系统，售卖给东航的客户；二者打通销售渠道能为旅游者提供更加丰富的商旅产品，双方还共同进行市场推广，开发市场客源，实现双赢。

4.4.4 推动产业多元化发展

航空产业和旅游产业融合是推动航空旅游产业多元化的重要因素，航旅融合可以为目的地带来信息流、物流、资金流，以及更多的旅游者，不仅能带动当地食、住、行、游、购、娱等行业发展，还能带动整个产业链的价值增值，带动目的地经济增长。一是航空交通在旅游发展中有着独特作用。交通是旅游发展的重点，民航交通是目的地旅游发展的助推器，乘飞机出行已经成为消费者的普遍选择，能够节约时间、提高效率。二是航空交通有利于改善目的地客源结构，有利于目的地开拓远程客源市场。对于山地、岛屿型旅游目的地，点对点的航空运输具有投资少、见效快等特点，尤其是我国西部地区，发展航空旅游，有利于开发旅游资源，改善投资环境，带动当地经济的发展。航空旅游有助于优化

① 扬州泰州国际机场在泰州发布航空研学旅游产品 _ 合作 _ 扬泰 _ 市场（sohu.com）

旅游产品结构。目的地旅游资源开发可以提高对游客的吸引力，推动航空客运和机场的发展。Biegera、Wittmer（2006）指出航空运输和旅游业的发展相互依赖，航空公司参与旅游目的地的规划和发展，如广告活动和机场出入设施的规划；旅游目的地通常有投资当地机场的动机，这些机场可以让大型飞机在各种天气条件下降落。

4.4.5 推动区域经济发展

航空产业和旅游产业融合能带动区域的资金、生产资料、人流的发展，有效地调动产业发展优势，有利于拉动经济增长。一是航空产业和旅游产业融合发展能够优化产业结构，推动产业转型升级，形成航空旅游产业新的增长点。二是航空产业和旅游产业融合能够激发航空旅游产业的发展活力，增强航空旅游产业的竞争力。三是航空产业和旅游产业融合能产生规模效应和溢出效应，能给食、住、行、游、购、娱等整个旅游产业链上的相关行业和部门带来直接或间接的经济效益。四是航空产业和旅游产业融合能够形成新的航空旅游产品、新的航旅服务、新的消费场景和新消费模式等，为旅游者提供更多选择。区域交通可进入性提高后，能带动区域之间的经济、文化、旅游等合作，提高旅游客源地和目的地（李保超、王朝辉、李龙等，2016）、城市与城市（郭建科、王绍博、李博等，2016）等的经济联系强度，更进一步促进了区域之间、区域各产业之间的经济交往和合作，推动区域经济一体化发展也带动了地方交通运输、旅游产业和现代服务等行业发展。

此外，航空运输最主要的载体就是民用机场，机场对旅游业的发展具有重要推动作用，完善的机场配套设施是为旅客提供优质服务的重要保障。区域枢纽机场能形成规模效应，不仅能够有效带动旅客的流入，还能带动更多信息流、资金流和物流，促进区域经济发展（王冠云，2011）。

4.5 本章小结

本章主要对以下四个方面的问题进行了探究：一是对航空产业和旅游产业融合的机制进行了研究。二是对航空产业和旅游产业融合路径进行了剖析。三是对航空产业和旅游产业融合模式进行了分析。四是对航空和旅游产业融合效应进行了阐释。

第一，基于价值链理论，从价值链解构和价值链重构两个方面分析了航空产业和旅游产业融合的机制，航空产业和旅游产业通过对产业链上的业务进行重新分解和组合，形成新的业务单元，实现价值增值，最终形成新的产业价值链。

第二，通过理论分析，研究得到航空产业和旅游产业融合路径主要包括资源融合、市场融合、企业融合、产品融合、技术融合和服务融合 6 条路径，在此基础上构建了航空产业和旅游产业融合路径作用机制模型。

第三，通过理论分析与案例剖析，对航空产业和旅游产业融合模式进行了探究，两类产业的融合模式主要包括 4 种类型，分别是延伸型融合模式、渗透型融合模式、重组型融合模式和一体化融合模式，并进一步探究了不同融合模式的融合方式、融合方向等。

第四，对航空产业和旅游产业融合效应进行了研究，两者融合效应主要包括 5 个方面，分别是提高企业竞争力、创新产品和业态、拓展市场范围、推动产业多元化发展、推动区域经济发展。

第 5 章

航空和旅游产业融合国际案例研究

本章主要对航空和旅游产业融合的国际典型案例进行研究，主要选取了途易集团、泰国国际航空公司两个不同的企业作为案例研究对象，对其航空和旅游产业融合的模式进行分析。途易集团是国际典型的航旅一体化发展的大型旅行服务企业，通过收购和创办航空公司实现对航空交通资源的把控，大力发展包价旅游。泰国国际航空公司是传统的航空客运企业，其通过与酒店、目的地、景区等合作来开发自由行航空旅游产品，打造风兰假期度假品牌。

5.1 途易集团

途易集团是典型的旅游全产业链运营的国际知名企业，也是国际上最早开展航空和旅游产业融合发展的企业，在发展中形成了独特的产业融合发展优势。本小节将对途易集团的概况、融合模式等进行深入阐释。

5.1.1 途易集团简介

途易集团（TUI Group）成立于 1968 年，是世界领先的旅游集团之一，总部位于德国汉诺威。途易旗下拥有 1600 家旅行社和领先的在线门户网站、400 多家酒店、5 家航空公司、16 艘邮轮和多家旅游代理商。途易集团的业务范围覆盖全球 180 多个目的地，每年为来自超过 27 个客源市场、在全球 180 个目的地近 2.7 千万的游客提供专业且优质的全方位旅游服务。2019 年，途易集团在全球拥有约 70000 名雇员，集团的销售额约为 190 亿欧元，营业利润为 8.93 亿欧元；途易集团的股票在法兰克福证券交易所和伦敦证券交易所联合上市交易。[①] 途易作为世界领先的大型旅游集团，具有多年经营管理经验的积累与传承，确保了旅游业务的专业性，产品的创新性和服务的高品质。途易集团在资本支持下进行全产业链扩张，线上线下一体化的服务形成竞争壁垒。途易集团的全产业链业务覆盖提升了公司产品的综合竞争力，保障其服务水平和市场地位。途易集团在整个旅游价值链中为客户提供始终如一的高品质产品和服务，即从预订到交通到入住酒店或邮轮，到目的地游玩。通过旅游全产业链的综合服务，为游客提供无与伦比的度假体验。

途易集团的业务部门主要包括旅游服务、后勤和其他。其核心业务是经营旅游服务，该服务包括旅游价值链的所有业务：由旅游运营商负责组织和协调包价旅游、在旅行社进行分销，集团自有的航空公司负责经营飞行业务，目的地的接待社或集团饭店为旅游者提供接待服务。另一个重要的业务部门是后勤，其业务范围主要包括国际集装箱运输航线和邮轮业务，以及经营铁路后勤服务等。

2003 年 11 月，途易集团就与中国旅行社总社成立了中国第一家外

① Urlaub & Reisen direkt beim Reiseveranstalter buchen – TUI.com

方控股的合资公司——中旅途易旅游有限公司。其股份分配是：途易公司占 51%、中旅总社占 25%、MB 中国投资公司占 24%。

5.1.2 途易集团业务范围

途易集团在旅游上下游产业链进行全方位布局，全面覆盖旅游产品要素及重要客源地，其主要业务包括途易旅游、酒店度假村、邮轮、航空服务等板块，其中途易旅游占据绝对主导。① 途易集团采取旅游全产业链覆盖模式，这不仅保证了旅游产品质量和成本，保障其服务水平和市场地位，也提升了集团旅游产品的综合竞争力。

酒店和度假村。TUI 集团拥有 400 多家自己的酒店，酒店多位于度假区的黄金地段，凭借高性价比、服务质量和环境标准等优势受到游客喜爱。酒店和度假村大多位于欧洲度假胜地——地中海以及加勒比海一带的旅游度假区内，定位于高端酒店品牌，其中绝大部分酒店（215 家）为四、五星级酒店。酒店品牌包括：Riu、TUI Blue 和 Robinson 等。

邮轮。TUI 集团的邮轮能满足旅行者的不同需求。合资企业 TUI Cruises 是德国高端邮轮市场的领导者，提供优质邮轮服务，目前由七艘船组成。赫伯罗特邮轮（Hapag–Lloyd Kreuzfahrten）拥有四艘船，是德语世界探险和豪华游轮的领先旅游运营商。Marella Cruises 在英国市场拥有四艘船，其服务领域非常广泛，提供从家庭度假到城市旅行，再到豪华邮轮服务等产品。Marella Cruises 的概念基于平衡和多样性，吸引了广泛的消费者，从全天的家庭活动到赌场酒吧之夜，所有乘客都可以根据个人需求以合理的价格预订不同邮轮服务。

TUI Musement。TUI Musement 是面向消费者和合作企业的开放在线平台，包括世界领先的 OTA、旅游运营商、邮轮公司和旅游公司等。

① Urlaub & Reisen direkt beim Reiseveranstalter buchen – TUI.com

TUI Musement 是 TUI 集团最重要的业务增长领域之一，2019 财年的收入为 12 亿欧元，有 9000 名员工。主要通过提供酒店批发、OTA、入境游服务、目的地产品和活动等布局全球旅游市场，其中酒店批发业务在全球 B2B 酒店市场中居于领导地位。作为旅游和目的地活动的领导者，TUI Musement 将可扩展的数字平台与全球 140 多个国家的本地服务相结合，拥有约 16.8 万种旅游产品。全球所有主要度假和城市目的地的旅行者都可以使用，包括 TUI 的 2800 万会员客户，提供产品如短途旅行、活动、门票和接送服务。途易集团专注于通过战略合作促进 B2B 销售的增长，合作企业有 Booking、Travelgo 等公司，如为 Booking.com 提供超 7 万个旅行、活动和景点服务，帮助其拓展广泛的旅游服务产品，为客户提供更全面的端到端旅游产品。在产品方面，途易通过整合市场上的产品来扩大其产品供应，从而提高其在大型且快速增长的旅游市场中的份额。

旅游运营商。TUI 集团旗下有许多强大的旅游运营商，它们在各自的市场占据领先地位。旅游运营商是途易旅游最核心的业务，主要包括了航空客运业务以及分布在各地的旅行社门店业务，涉及包价旅游中的每个重要环节（大交通 + 地接）。在德国包括 TUI Deutschland、Airtours 和 Wolters Reisen 等旅游运营商，在英国有首选。TUI 旅游运营商也是奥地利、波兰、瑞士、丹麦、芬兰、挪威、瑞典、法国、比利时、荷兰、中国、俄罗斯和乌克兰等国的领先运营商之一。途易旅游的类型包括俱乐部度假、长途旅行、蜜月旅游、单身度假、情侣度假、家庭旅游、全包价旅游等；提供的旅游活动包括高尔夫运动、潜水、滑雪、探险、体育活动、游学等项目。

航空公司。TUI 集团共有 5 家航空公司，拥有约 150 架中长途飞机。航空公司包括 TUI Airways、TUI fly、TUI fly Belgium、TUI fly Netherlands

和 TUI fly Nordic 等子公司，为全球 180 多个目的地提供服务。途易集团所有的成员航空公司都统一加上“fly”，强调对品牌的统一管理。为了更好优化 5 家航空公司的运营，途易集团正在为航空运输业务建立一个有竞争力的中央平台，其正在创建一个虚拟航空公司，并且是作为跨境的航空公司。创建虚拟航空公司的好处是，既保留了不同区域航空公司的差异，又能更好地协调各地区航空公司的经营管理。例如，在飞机的购买和融资、技术和维护功能方面，通过 IT 中央平台，统一协调长途航线规划或联合采购。途易集团是拥有波音 B787 飞机的休闲航空公司，这是长途航线上的独特卖点。乘坐 B787 飞机可以增强客户体验，同时降低经营成本，因为 B787 飞机比其他类似尺寸的飞机消耗更少的燃料。同时，B787 飞机能够长距离飞行，帮助企业开拓新的目的地，扩大在长途航线上的业务。

5.1.3 途易集团航旅融合模式

途易集团的航旅融合模式主要是包价旅游。在包价旅游产品的要素中，机票是最重要的产品组成要素之一。对旅行社来说，掌握机票资源对包价旅游产品做大做强至关重要。在早期，为了控制旅游产品价格，途易集团主要与航空公司合作包机业务。被普里伊萨格收购后，途易借助其雄厚的资金实力，通过自己成立航空公司、收购合作过的航空公司直接掌握机票资源，降低机票成本。途易集团所属的航空公司，主要为客源地的旅游者提供旅游包机业务，航空公司飞行的目的地主要以欧洲地区的中短途度假地为主。途易集团所属的航空公司飞行航线以平均航程在 4 小时以内的中短途航线为主，目的地集中于地中海及加勒比海等热门度假地区。途易最主要的两大航空品牌：一是德国途易飞，主要经营定期廉价航班和包机航班，约 60% 的航班座位采取直销，30% 作为途易假期旅游产品的一部分，10% 则通过其他代理机构销售；二是英国途易飞，其是欧洲最大的包机航空公司之一，提供由英国飞往欧洲、非洲、亚洲和北美洲的定期和包机航班，也是欧洲第一家运营波音 787 的包机航空公司。[①] 此外，其他途易飞航空也主要运送集团自己的旅游者，主要经营旅游包机业务。

2019 年，途易集团为了更加聚焦于旅游包机业务，出售了其唯一非包机 Corsair 航司的多数股权，这主要是缘于 Corsair 航空与途易集团主营的旅游包机业务不匹配；Intro Aviation 将收购 53% 的股份，途易集团保留 27% 的少数股份，而 Corsair 的雇员受益信托将持有 20% 的股份[②]。途易集团通过直接控制航空公司可以灵活地改变航班航线以适应各旅游目的地的淡旺季客流变化。

5.2 泰国国际航空公司

泰国国际航空公司是一家传统的航空运输企业，依托自身的航空客运资源，为自由行游客打造了风兰假期旅游度假品牌。本小节将对泰国国际航空公司的概况、融合模式等进行深入阐释。

5.2.1 泰国航空简介

泰国国际航空公司（以下简称“泰国航空”）是隶属于泰国交通部的一家国有企业，成立于 1951 年，1991 年在泰国证券交易所上市，泰国财政部拥有其 50% 以上的股份。泰国国际航空公司是星空联盟（Star Alliance）的创始成员之一。泰国航空的航线网络以曼谷为中心，包含泰

① 资料来源：http://news.carnoc.com/list/478/478777.html

② 途易：受 737MAX 影响，2019 财年 Q3 利润下降（baidu.com）

国国内线、地区区域航线及洲际航线。泰国航空的航线通达全世界 30 余个国家、70 余个城市。[①]

5.2.2 泰国航空主要业务

泰国航空的核心业务包括在泰国各主要城市及全球各大城市之间的客运、货运、包裹及邮件的运输服务。泰国航空飞行的航线以素万那普机场为中心辐射泰国境内各大主要城市，包括多条定期航线和包机航线。除了作为业务核心的航空服务，泰国航空还积极拓展其他相关业务，并以独立业务单位和合资的形式为空运服务提供支持，具体包括：客运服务、产品服务及飞行前 / 后的相关工作、机上餐饮、飞机维修、航班管理、免税商品和纪念品销售、旅游和旅行配套服务、订座 / 订票服务（合资）、空乘人员培训（合资）、劳动力提供（合资）、提供燃油及相关服务（合资）；其中，客运和货运业务构成了泰航 95% 的收入来源，剩余 5% 来自其他配套业务。[②]

5.2.3 泰国航空航旅融合模式

泰国航空的航旅融合模式主要是为自由行游客服务，推出“风兰假期”（Royal Orchid Holidays）品牌，“风兰假期”以泰国航空的航空客运为依托，并且和各地酒店建立强大的关系网络为支持，能够满足自由行旅行者千变万化的出行需求。“风兰假期”由探索泰国、探索世界、泰国和亚太地区的高尔夫游和全家欢乐游四部分组成。“风兰假期”全部采用的是正班机，白天起飞，时间佳且航班衔接方便，避免了红眼航班造成

① 泰国国际航空公司 _ 百度百科（baidu.com）
② Company Profile | Thai Airways

的身心疲惫，保证游览的质量。[①] “探索泰国”以其独一无二的东道主身份在泰国自助游领域独占鳌头，拥有数百家的合作酒店，满足旅行者的多样需求。“风兰假期”的宗旨是：“Everyone、Everything、Everywhere、Every Time、Tap into Amazing Thailand”——任何人、任何事、任何地点、任何时间，轻松玩转泰国。“风兰假期”的高尔夫之旅既满足了高尔夫球爱好者的挥杆之瘾又兼顾度假之趣，贴心的设计更满足了非高尔夫球客户的需求，同行的家人或是朋友，即便是高球顾客本身也可以选择享受泰国纯正至尊的 SPA 服务。[②]

作为泰国的国家旗舰航空公司，泰国航空目前为 60 多个目的地提供服务，其致力于推广泰国作为国际会议、各大型会议、奖励旅游和展览的举办地。泰国航空与泰国会议展览局（TCEB）、泰国旅游局（TAT）和泰国奖励旅游及会议协会（TICA）一起努力让泰国成为亚洲的会议、奖励旅游、会议和展览中心，并为世界各地的会议和奖励计划者、组织者提供支持。对于活动组织者，泰国航空致力于成为其合作伙伴，提供最好的报价；打造会展与休闲、体育、医疗和娱乐相结合的产品；为活动组织者提供优质服务。对于参与者，泰国航空为乘坐泰航航班的参会者提供前往会场的折扣机票。

疫情下，泰国航空的风兰假期和专业实验室管理有限公司合作，在泰航总部提供 COVID-19 直通车服务，由医务人员运营，实验室由医学科学部认证。免下车服务有助于减少接触，并为泰国航空和泰国微笑航空公司的顾客、风兰假期 Plus 白金卡、金卡会员和游客提供旅行便利。[③]

① 泰航“风兰假期”6 月推出新优惠 – 世界游网 World Travel Online（lvyou168.cn）
② 泰国 给你一个挥杆的理由 _ 新浪尚品 _ 新浪网（sina.com.cn）
③ Company Profile | Thai Airways

5.3 案例分析总结

在对途易集团和泰国航空两个国际案例分析的基础上，剖析了国外航空和旅游产业融合的两种模式：一是旅行社通过创办航空公司，发展包机旅游，实现航空和旅游产业融合；二是航空公司依托自身独有的航线和客源优势等，打造航空假期产品，实现航空和旅游产业融合。

5.3.1 途易集团航旅融合模式分析

途易集团在发展过程中主要聚焦于旅游业务，其下属的航空公司、酒店和度假村、邮轮等都是为自己的游客提供服务。一是途易集团在发展历程中，经过多次并购，以旅游者服务为核心，不断地向旅游产业链的上下游扩张，掌握航空运输、住宿、目的地服务等资源，不断扩大自己的经营范围和地域范围。二是通过收购扩大下游的分销渠道，加强对客源地旅游市场的开发，增加游客来源。三是通过收购意大利旅游和活动在线平台 OTA Musement，实现线上和线下的融合发展。四是以包价旅游产品（大交通 + 地接）为核心，提供包括食、住、行、游、购、娱在内的全方位旅游产品，并涵盖主要客源地。五是途易集团通过掌控旅游产业链上的上下游资源，不仅降低了旅游产品价格，还能保证服务质量。在其包价旅游选项下，途易的客户可以自主选择包价旅游中的各个要素来组成完整旅游产品。这种方式可以最大限度地满足顾客的个性化需求。

5.3.2 泰国航空航旅融合模式分析

泰国航空在发展过程中，业务从航空运输服务延伸到对消费者的旅行服务。泰国航空针对自由行旅游者打造了航空假期度假产品。一是泰国航空运用自己全球的航线网络和庞大客源，与度假区、酒店、景区、餐厅等合作，为自由行旅游者、家庭出游、高尔夫爱好者等打造不同类型的度假产品。二是泰国航空的庞大客源优势，能帮助其在与其他类型服务企业合作时，能取得较好的配套条件和价格，形成竞争优势。三是泰国航空积极与其他 MICE 会展旅游业伙伴进行合作，成为会议展览活动的指定航空公司，并且为会议组织者和会议参与者提供增值服务，包括提前选择座位、机口接机服务、特定值机柜台、机舱欢迎信息和安排指定语言的机舱服务员等。四是针对会议团队提供目的地周边地区旅游活动等。

5.4 本章小结

本章主要对航空和旅游产业融合的国际典型案例进行了分析，主要是选取了两家不同类型的航空和旅游产业融合发展的企业进行了分析，分别是途易集团、泰国航空，两家企业航空和旅游融合的模式各不相同。主要包括以下内容。

第一，以途易集团为案例深入剖析了传统旅行社企业航旅一体化发展的模式。途易集团依托其酒店和度假村、旅游运营商、在线旅游企业和航空公司等实现旅游全产业链的一体化发展，依托其多家航空公司大力发展包价旅游。

第二，对泰国航空的航空和旅游产业融合的模式进行了剖析。泰国航空的“航空 + 旅游”融合模式是为乘坐其航班的客人打造航空假期产品，通过与其他旅游资源方合作，打造风兰假期航旅度假品牌，为旅行者提供多种类型的旅游产品。

第6章

航空和旅游产业融合国内案例研究

本章主要对航空和旅游产业融合的国内典型案例进行研究，主要选取了春秋集团、上航旅游集团、同程集团三个不同的企业作为案例研究对象，对其航空和旅游融合模式进行分析。春秋集团是典型的由传统旅行社向上游航空产业链延伸的代表，通过创办航空公司实现对航空交通资源的把控，实现航空客运和旅游业融合。上航旅游集团是具有航空基因的传统旅行社，其是东方航空旗下的旅行社集团，上航旅游集团通过与机场合作来延伸旅游目的地资源，实现航空和旅游融合发展。同程集团是在线旅游企业的典型代表，其通过投资控股湖南航空实现对旅游交通布局，并组建同程航旅集团整合航空和旅游两大产业的资源优势，开发多种航空旅游产品，实现航空和旅游的融合发展。

6.1 春秋集团航空和旅游产业融合

春秋集团是典型的航空和旅游全产业链运营的企业，是我国最早开展航空和旅游产业融合发展的企业，在发展中形成了独特的航空和旅游产业融合发展优势。本小节将对春秋集团的概况、航空和旅游产业融合动因和路径、航空和旅游产业融合模式等进行深入阐释。

6.1.1 春秋集团简介

上海春秋国际旅行社（集团）有限公司（以下简称“春秋集团”）创建于 1981 年，是中国著名的航空旅游集团，旗下有航空公司和旅游公司，打造了“航空 + 旅游”全产业链投资经营模式，员工人数过万。春秋集团是中国 500 强民营企业、上海 50 强民营企业、中国旅游集团 20 强企业。

6.1.1.1 春秋旅游

春秋国际旅行社（以下简称“春秋旅游”）在国内外拥有多家全资子公司及多家直营门店，是国内旅游连锁经营最具规模的旅游批发商和包机批发商之一。春秋国际旅行社是中国驰名商标和上海著名商标，也是全国旅游标准化示范企业。2019 年组织国内游客 374 万人次，出境游客 121 万人次。在旅游客源组织接待、项目策划、产品设计、市场营销等方面具有领先优势。春秋国际旅行社服务多种市场需求，春秋定制、一家一团、欢乐童行、爸妈之旅、行简住优、雪游纵横、为爱加游、春秋假期等为不同细分市场游客提供产品，业务涉及旅游、酒店、机票、会议、展览、商务、车队、体育赛事、城市旅游观光巴士等。自 1994 年起连续 16 年蝉联中国国内旅游全国第一，并自 2011 年起连续 4 年荣获“全国百强旅行社”第一名。2020 年春秋国际旅行社的旅游质监闭环系统被立为上海市“服务业”重点项目。此外，春秋酒店板块2015年起步，目前已经打造机场酒店、城市酒店、度假酒店以及联盟酒店，以及多个系列品牌“春秋国际”“春秋阳光”“春秋唐草”“嘉虹酒店”等，酒店联盟已经布局了中国、日本、东南亚和澳洲等国家。

6.1.1.2 春秋航空

春秋航空股份有限公司（以下简称春秋航空）于2005年7月18日首航，是中国首批民营航空公司之一，是国内最大的民营低成本航空公司，于2015年在上海A股市场上市。至2021年12月，春秋航空已拥有113架空客A320系列飞机，平均机龄6年。航点覆盖了中国、东南亚、东北亚的主要商务和旅游城市，经营航线224余条。春秋航空是全球客座率最高的航司之一。春秋航空运力覆盖10个国家地区，2019年国际运力占比36%，行业领先。2019年全辖纳税13.74亿元、单机纳税1700万元，连续14年维持行业领先。在安全、准点、服务和执行率四个方面连续四年被中国民用航空局评为A级。在保障安全的前提下，春秋航空注重运行准点与服务品质，尊重旅客的选择权，为旅客提供多种实惠的出行产品，让旅客“只花该花的钱”。

春秋航空总部设在上海，在沈阳、石家庄、深圳、扬州（泰州）、宁波、兰州、揭阳（潮汕）和南昌、大连等地设有基地，积极实施国际化发展战略。春秋航空创新起步、安全、平稳运行，是一家以B2C网上销售和手机直销为主要销售渠道的航空公司，网上销售占比98%、移动销售占比90%，行业第一。2018年10月15日起，上海虹桥机场T1航站楼改造完成，以全新的面貌包括“自助值机—自助托运—自助验证—自助登机”在内的一站式智能化设施服务广大旅客，春秋航空成为全国第一家率先尝试使用智能化机场自助服务的航空公司。

春秋航空是低成本经营模式，可概括为“两单”“两高”“两低”。

“两单”是指单一机型与单一舱位，这可以降低采购成本、维修成本、培训成本和库存成本。全服务航空公司的飞机一般分设头等舱、公务舱与经济舱，座椅密度较低。春秋航空的A320客机只设置单一的经济舱位，不设头等舱与公务舱，座椅密度较高，每架客机设置180个或186个座位，较通常采用两舱布局的航空公司的A320飞机高15%~20%，可以有效地摊薄运营成本。

“两高”是指高客座率与高飞机日利用率，2006—2012年，春秋航空的客座率指标连续蝉联中国民航业榜首。2011年、2012年、2013年、2014年，在机队扩张、运力增加的情况下，春秋航空始终保持远高于行业平均水平的高客座率，分别达到94.35%、94.11%、93.54%、93.07%。高客座率为春秋航空带来了绝对的优势：一是高客座率有效地摊薄了公司运营成本，同时，较高的客座率也为春秋航空的辅收业务奠定基础；二是高客座率为春秋航空争取到了机场的起降费优惠；三是高客座率使春秋航空为通航机场或通航城市带去大量的增量客源，推动了通航机场的吞吐量迅速增长。同时，春秋航空可以获得部分机场或地方政府给予的起降费减免、航线补贴等多种方式的财政支持。

在高飞机日利用率方面，2011年、2012年、2013年和2014年，春秋航空的飞机日利用平均时间分别为11.38小时、11.35小时、11.63小时和11.26小时。在确保飞行安全的前提下，春秋航空通过合理安排航线，提高飞机利用率，可以最大限度地摊薄单位固定成本。

“两低”是指低销售费用与低管理费用，春秋航空通过建立电子商务直销渠道的方式，以低成本且高效的方式销售机票。中国民航业的绝大部分航空公司都是通过中国民航信息网络股份有限公司（简称“中航信”）的分销系统销售机票。春秋航空成立之初，就推出自己的电子商务直销平台www.ch.com，后来又推出网络移动销售平台。电子商务直销平台是春秋航空的主要销售渠道，2011年、2012年、2013年、2014年，春秋航空的机票电子商务渠道销售占比分别为83.42%、85.62%、93.28%、87.43%。低管理费是在确保飞行安全、运行品质和服务质量的前提下，春秋航空充分保障一线人员数量，精减二、三线人员，严格控制人机比，从而有效降低人力资源成本和管理成本。

春秋航空虽然是低成本航空公司，但春秋航空的盈利能力领先民航业其他企业，图6.1展示了2019年国内上市航企收入利润率（归属股东净利润/营业收入），春秋航空的利润率远远高于吉祥航空、国航、东航等航空公司。2021年春秋航空净利润为3500万~5200万元，将实现扭亏为盈，春秋航空的可用座位公里、旅客运输量、客座率水平较2020年分别上升9.6%、14.6%和3.2个百分点①。

此外，春秋集团拥有近700人规模的IT团队，自主研发航旅新系统，是唯一拥有各类核心系统自主知识产权的航旅公司。拥有航空销售系统、离港系统、航班运行系统、旅游景区目的地系统、旅行社业务ERP系统、航旅新分销平台NDC系统等，是国内唯一互联网直销为主航空公司，信息技术分公司通过国际CMMI3认证。2018年，旅游IT系统开始走出去，目前旅游信息技术已服务了海南航空、复星旅文（THOMAS COOK）、祥源控股、上海久事集团等多家旅游集团。

① 春秋航空：预计2021年净利润3500万~5200万元，扭亏为盈（baidu.com）

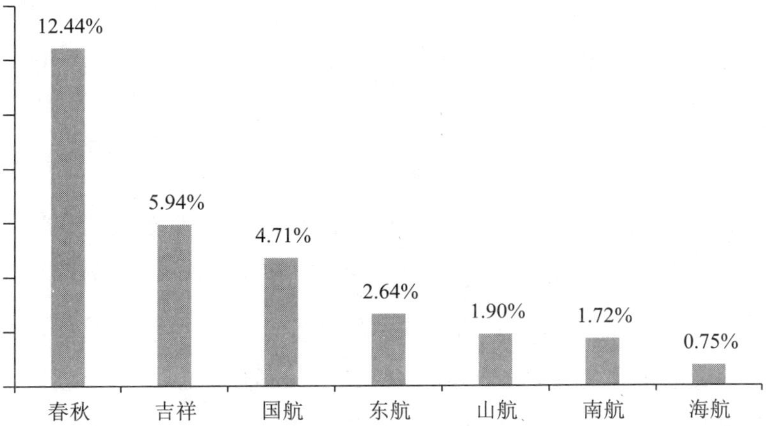

图 6.1　2019 年国内上市航企收入利润率（归属股东净利润 / 营业收入）

资料来源：春秋集团。

6.1.2 春秋集团航空和旅游融合动因和路径

1994 年，春秋旅游成为全国旅游百强企业。春秋集团董事长王正华开始为春秋旅游谋划更远的未来。他在考察了美国运通、德国途易等大型旅行社，并仔细研究了欧美十大旅行社的发展历史后，认为国际上大型旅游集团通常有三种发展模式：向金融延伸、向会务延伸，以及发展包机旅游。由于当时国家对金融行业的管理非常严格，其就只能将金融作为一个长期规划目标。为了积极探索旅游会展模式，王正华派专人去国外考察，成立了春秋会展公司。旅游包机是航空和旅游融合形成的旅游产品，春秋旅游开展旅游包机业务有两大优势，一是收客能力强，二是不怕行业竞争，并认为不做旅游包机业务、不冒风险，公司业务就不能往前走。在学习了运通、途易等旅行社不是按照传统的交通方式来组织旅游活动，而是通过旅游包机方式组织旅游产品后，1997 年，春秋旅游进行商业模式创新、生产方式创新，大胆地经营看似风险非常高的包机旅游业务。

春秋旅游通过旅游包机业务推动了企业的快速发展，但是由于机票掌握在上游的航空公司手中，也面临着相关经营风险。一是随着越多的旅行社开展旅游包机业务，航空公司的机票越来越紧张，面临着同行旅游包机的竞争压力。二是由于春秋旅游的旅游包机业务经营得好，就面临着航空公司机票涨价的风险，对上游航空公司的议价能力弱，这主要是由于航空公司是资源方。三是春秋旅游要想获得可持续发展，必须加强对上游交通的掌控能力。在这种背景下，春秋旅游做出要成立航空公司的发展战略，一方面，能拓展企业的发展空间，另一方面，开展航空业务能降低旅游产品中的交通成本，获得更大的产品收益。

在包机业务取得巨大成功的阶段，王正华带领团队拜访了全世界最大最强的十家旅行社，同时认真考察了美国、欧洲非常有代表性的 20 多家航空公司。作为中国包机业务最成功的批发商和排名第一的民营旅行社，其也成为这些公司了解中国和中国市场最好的机会。春秋从事旅游行业 20 多年，既是中国最大的民营旅行社，也是中国最成功的包机业务批发商，积累了丰富的营销渠道和客户资源，对航空业务尤其是航空机票销售业务，有着比其他企业更深刻的理解和洞察，更重要的是有着一支对航空和旅游业务都非常了解、能打硬仗的管理团队。

2000 年年初，民航业还是一个完全没有民营企业涉足的领域。航空公司不同于旅行社，旅行社建立的门槛要低得多，而航空公司是涉及国计民生的重大交通项目，对于春秋旅行社来说，创建航空公司，首先要突破的最大障碍就是政策门槛。随着中国的市场经济改革越来越深入，当时春秋旅行社总经理王正华认为民航业的垄断一定会被打破；同时，随着消费者收入水平的提高，其航空出行需求也会越来越强烈，2004 年我国国内休闲旅游人数总计为 11.02 亿人次，同比增长 26.67%，旅游市场需求旺盛。

2002年11月，党的十六大召开，大会明确提出：推进垄断行业改革，积极引入竞争机制。王正华敏锐地意识到，机会可能来了。但当时民航业仍属于高度垄断的产业，春秋旅行社一边进行包机经营，一边每隔三个月就向国家民航总局递送报告，汇报旅游包机经营情况和心得，并充分表达希望成立民营航空公司的愿望。在报告的准备上，春秋旅行社下足了功夫。春秋成立了一支精干的报告创作团队，来完成资料的收集和报告的写作。报告主要包括三个方面的内容：一是讲故事，让人读来有意思，不要让别人读了生厌，更不能让人读了头痛；二是每个报告重点讲一个故事，其他面上情况用五分之一甚至更少的笔墨交代清楚即可；三是每个故事都必须是最典型的故事，要么体现春秋国旅的特点，要么体现春秋对民航业的深度认识，不能为了报告而报告。春秋的报告主要送民航总局的两个部门，一个是办公室，一个是运输司，之所以送运输司，是因为成立航空公司，必须要运输司批准。

2004年1月15日，国务院召开新闻发布会，时任中国民用航空总局局长杨元元介绍中国民航改革与发展情况，并回答记者提问。在新闻发布会上，杨元元局长明确指出，要以开放促改革、促发展的思路，分阶段实现航空运输市场和服务保障市场的基本开放，消除市场准入方面的制度性障碍，充分发挥各类投资者投资民航业的积极性[①]。同时，中国民航业经过多年的发展，积累了一大批优秀的航空人才，这也为民营企业进入航空业提供了充分的人力资源保障。

2005年2月25日，国务院发布了《关于鼓励支持和引导个体私营等非公有制经济发展的若干意见》（以下简称《意见》），《意见》明确提

① 中国民航总局局长杨元元记者招待会（全文）（sohu.com）

出：允许非公有资本进入垄断行业和领域，加快垄断行业改革，在电力、电信、铁路、民航、石油等行业和领域，进一步引入市场竞争机制。同年 8 月 15 日，《国内投资民用航空业规定（试行）》正式实施，这标志着长期以来由国有资本一统天下的航空业，正式向民营资本敞开了大门，也标志着国有航空公司垄断航空市场的格局，将由此被彻底打破。

杨元元局长的新闻发布会之后，在民航总局和华东局的支持下，春秋航空的筹备开始提速。2004 年春节前夕，春秋旅行社正式向国家民航总局提交申请成立春秋航空公司的报告。2004 年 6 月 8 日，春秋航空公司在上海召开新闻发布会，宣布由春秋国旅和春秋包机公司共同组建航空公司，春秋国旅的部分骨干员工抽调到航空公司，开展航空公司的筹备工作，这些员工都非常了解航空机票销售和旅游产品，为航空公司筹建奠定了人力基础。在春秋筹建航空公司的过程中，民航总局的领导亲自参与春秋航空规章制度的制定，民航总局和民航华东局高度重视春秋的安全工作，并提供人力资源支持。

春秋集团秉承服务质量是企业生存发展的生命线，坚持“游客至上，信誉第一”的宗旨。为服务好旅客，认真听取旅客意见，提高服务质量。春秋旅行社开创性地建立质量访问制度——质量周报。坚持“99+0”的质量方针，组建啄木鸟队伍。“要旅游，找春秋”成为响当当的品牌。1983 年，春秋旅行社率先在全市同行中建立了全面质量管理制度，独创质量回访方式，聘用外行对每个旅游团队实行上门访问，听取意见，从鸡蛋里挑骨头，找出存在的问题和不足。春秋旅行社的服务质量也为春秋航空对旅客的服务管理奠定了基础，春秋航空制定了“5 最”的航空旅客服务标准，即最温馨、最准点、最安全、最便捷、最低价。

2005 年，春秋旅行社已经成长为年营收超过 35 亿元、年组接团 160 万人次，连续 12 年国内旅游排名第一的旅行社，旗下拥有包括 7 个境外公司在内的38家全资子公司。春秋航空于2005年7月18日首航，当时创下了6个中国第一：第一家由旅行社创办的航空公司、第一家不进中航信自建销售系统的航空公司、第一家低成本航空公司、第一家自建平衡配载系统的航空公司、第一家把B2C作为主要销售渠道的航空公司、第一家自建离港系统的航空公司[①]。自此，春秋集团开始走航空和旅游一体化的发展之路，目前已成为国内最大的民营航旅企业。2010年7月28日，春秋航空开通了中国民营航空公司第一条国际航线上海—日本茨城航线，同年9月28日开通上海—香港航线。国际航线的开通，春秋集团航空和旅游开始加快国际化发展步伐。

综合以上分析，春秋集团通过航旅融合获得了快速发展，其航旅融合的内部动因主要包括旅游需求的拉动、企业发展追求、降低成本增加利润等内驱力，外部动因主要包括：航空管控政策放松，允许民营企业进入航空领域；信息技术的支撑，春秋航空建立了自己的航空机票销售系统和旅游销售信息系统；旅游市场的竞争。

春秋集团航空和旅游融合的路径包括：一是资源融合，春秋集团通过航旅融合实现了企业内部人力资源融合、资金融合等。春秋集团在内部实现了航空和旅游人才的流动，春秋旅游的人员到春秋航空工作，航空公司的人员也会到春秋旅游任职，通过航旅工作人员的融合，也进一步实现了企业内部航旅知识的融合，做旅游工作的人懂航空，做航空工作的人懂旅游，为航旅融合奠定了人力资源基础和知识基础，这也是春秋集团进行航空旅游融合的重要优势。二是市场融合，春秋旅游和春秋航空贡献旅游客源市场，春秋旅游提供了更加丰富的航空旅游产品；春秋航空为游客提供了更加便利的出行服务；以消费者需求为中心，做到

① 见证中国民航快速发展史，春秋航空迎来16岁生日（whb.cn）

"航线开到哪，旅游产品卖到哪"。三是服务融合，春秋旅行社创立的服务质量管理制度也为春秋航空服务管理奠定了基础，实现了服务融合，建立统一的对客服务标准。

6.1.3 春秋集团航空和旅游产业融合模式

6.1.3.1 旅游包机

1997 年，春秋旅行社开始开展旅游包机业务，最早是运行上海到海南的旅游包机项目。当其他旅行社企业也开始尝试旅游包机时，春秋旅行社就把整条航线包下来，每一年都包几千航次，企业承担了极大的经营风险，但有 4000 多家网络成员的共同销售，化解了经营风险。截至 2003 年，7 年时间，春秋旅行社旅游包机总量为 3 万余航次，客座率 99.07%，创下全世界旅行社包机史上前无古人、后无来者的纪录。春秋旅游通过利用闲置的交通运力，增加了交通企业的收益，受到这些企业的欢迎，尤其是受到航空公司的欢迎。7 年间，春秋旅行社取得了 27 倍的利润增长。2004 年，上海春秋旅行社一家的利润就占全国 2 万余家旅行社总利润的三分之一。

2000 年，春秋和国航正式合作包机业务，第一个月就卖出 1.5 万张机票，第二个月卖出 2 万多张机票。春秋旅游的包机销售能力让国航大吃一惊，立马约谈春秋，给春秋设定了上限，每个月不能超过 2 万张。国航给出的原因有两条，一是国航需要留一些座位用于自己的销售，二是京沪航线上必须留一些机动机票，以备各种不时之需。实际上，在此后的时间里，春秋的国航包机销售每月都控制在略微超过 2 万张的水平上。国航包机一年后，《中国民航报》头版头条报道了一条新闻——"不新增任何投资，只增加 10 元钱油费，国航 1 年新增利润超过 1 亿元"。

目前，春秋航空和春秋旅游之间的业务合作以包机包座业务为主。

包机包座业务是指旅行社在航季初或提前较长时间向航空公司以市场价格的一定折扣批量采购机票的业务。对于航空公司来说，包机包座是抢占旅游市场的重要途径，也是稳定经营业绩、摊薄固定成本的重要手段。对于旅行社而言，通过包机包座提前确定机位并获得比散客预订较为优惠的机票价格，便于其更好地设计旅游产品、锁定更低的航空成本。因此，春秋航空与春秋旅游的业务合作是基于互利双赢的原则开展。

（1）“网络 + 包机”的经营模式

春秋旅行社定位为网络包机批发商，创立了“网络 + 包机”的经营模式。春秋旅行社以 2 折到 4 折的价格向航空公司包飞机座位，较低的航空票价降低了旅游成本中的交通成本，降低了产品价格。但包机也考验着春秋旅行社的销售能力和风险承受能力。“网络”就是从事批发业务，通过合作，周边旅行社成为春秋旅行社包机旅游产品的代理销售，成为网络销售代理商，并把 80% 以上的利润让给合作的旅行社，这不仅大大提高了旅行社的销售积极性，扩大了旅游包机产品的营销市场，也使更多的旅行社加入春秋旅行社的网络销售代理商中。在这种经营模式下，春秋旅行社承担了主要经营风险，其他旅行社代理商基本不承担风险，这种经营模式打破了当时旅行社“散”的状况，形成了联合营销的经营优势，提高旅行社的市场占有率和竞争力。根据这一经营模式，春秋旅行社在上海、北京、重庆和天津等都建立了区域销售网络。分公司和网络代理商的建立为旅游包机产品建立了庞大的销售网络，奠定了春秋旅行社旅游包机业务成功的基础。

在春秋旅行社建立旅游包机网络过程中，有的旅行社安装了春秋旅行社提供的电脑，直接和春秋的网络系统连接，这类合伙旅行社获得的返利最高。另一些旅行社没有安装春秋旅行社的电脑，他们只负责卖票，系统输入的工作就由分社的网络中心代为操作。春秋旅游在各地建分社的主要流程是派人到当地，先找门面，再进行装修，同时申请相关营业执照。分社建起来后，就邀请当地的媒体和旅行社同行，组织召开旅游网络包机研讨会或新闻发布会，在当地宣传推广。

2011 年，春秋航空开通了上海—日本茨城的航线，这标志着春秋旅游正在实现从国内包机走向国际包机的“两翼齐飞”新格局。同时，该航线的开通也为上海带来更多客源。原春秋旅游总经理肖潜辉指出，春秋的旅游包机经营模式也在不断创新中，提出“6+3 模式”，将旅游包机业务涵盖的 6 个主体串联起来，以集中采购、包机、整合营销 3 种基本经营方式对各类旅游资源进行整合，为游客提供更加质优价廉的旅游产品，同时提高企业经营效益（沈则瑾，2011）。

（2）独创的旅游包机方法论

根据春秋旅游上海总部开展旅游包机业务的实战经验，春秋旅行社总结出了开展旅游包机业务的方法论，即 128 条包机流量法则。这 128 条流量法则是春秋旅行社全国各分社执行旅游包机业务的基本工作方法和指导原则，涉及开展旅游包机业务的方方面面，如广告该怎么投放？旅游包机网络怎么建？旅游包机价格怎么制定？该法则既全面又详尽，既有理论性，更有实战指导价值。在具体的旅游包机工作中，各分社都严格地按照 128 条流量法则进行操作，为春秋旅游包机业务的成功打下了扎实的基础。

在旅游包机机票直销上，除了广告，春秋旅行社有很多自己的独门秘笈，如“空位储蓄池”。在日常工作中，春秋各分社包机业务团队成员会深入到社区、学校、合作伙伴公司，调动所有能调动的资源——亲朋好友、退休职工、广场舞阿姨、合作旅行社或酒店家属，告诉他们春秋会不定期推出特价机票和特价旅游项目，以此为基础，建立起春秋旅游包机业务的“空位储蓄池”。春秋包机的原则就是：空一个座位，就是犯罪。春秋重庆分社通过团队作战，曾创下三天就卖掉一架包机的纪录，春秋包机之所以能做到 99.07% 的高客座率，全靠一点一点凡事都做到极致，拼出来的。也正是因为包机期间的丰富经验，为春秋航空的建立打下了坚实基础。

6.1.3.2 航旅酒一体化融合

除了开展旅游包机，春秋集团还通过航旅融合打造机场酒店。2018 年 9 月，春秋集团与首旅如家酒店集团达成战略合作，双方将共享航空、酒店和旅游等综合优势资源，联手打造亚洲有影响力的机场连锁酒店新品牌，助力开发打造航旅住宿一体化为代表的交通枢纽经济新时代。双方将联手打造“机票 + 酒店 + 旅游”产品，并且发挥双方直销平台的优势和潜力，逐步推进从系统互联到旅游、航空、酒店等不同领域资源整合，并致力于培育旅游、航空和酒店等方面的复合型人才①。同年 10 月，首旅如家与春秋集团注册成立了上海天驿酒店管理有限公司，注册资本为人民币 5000 万元，其中，如家方面持股 60%，春秋持股 40%②。

2019 年 6 月，在上海虹桥商务区虹桥机场一号楼区域，两家企业联手创建的新一代中高端交通枢纽连锁酒店品牌“嘉虹酒店 Skybird Hotel”首家旗舰店开业，定位于机场枢纽型特色品牌酒店，致力于为更多的“中转”旅客提供有主题特色、有服务品质的中高端住宿体验。该酒店毗邻航空枢纽，是以航空文化和探索“跨越时空”新概念为特色的新一代中高端连锁酒店，嘉虹酒店将提供头等舱特色客房、旅游、当地美食、跨境购物、接送机等多项特色服务，不仅满足商旅客人的出行住宿需求，还能满足航空机组人员等多样化人群的住宿需求，还完善了航空枢纽的配套设施建设。未来，嘉虹酒店将在重点城市机场、高铁站等交通枢纽

① 首旅如家与春秋集团强强联合，打造航旅特色机场连锁酒店新品牌！_合作（sohu.com）
② 春秋集团和首旅如家联手开酒店，空姐要当酒店前台（baidu.com）

核心区布局。①

嘉虹酒店的各类设施都融入了浓厚的航旅元素，在酒店内有不断滚动的航班动态信息显示屏，方便住宿客人及时了解航班动态；酒店内的部分公共空间模拟了机场廊桥空间设计，头顶上方是一架架折纸飞机；酒店内还有一个小型的航旅文化博物馆，陈列着一些见证航空、旅游行业历史发展的老物件。尤其是酒店的头等舱房间，旨在将飞机上头等舱的体验搬到嘉虹酒店中来。② 此外，嘉虹酒店的会员可以享受春秋航空的快速登机、机上餐食附赠等权益。

6.1.4 航旅融合助力目的地和景区发展

6.1.4.1 航旅融合助力目的地发展

春秋集团航旅融合助力旅游目的地发展：一是利用集团航旅结合优势，组织客人为景区目的地引流；二是利用春秋的管理体制，全国多家全资子公司可拓展景区目的地项目；三是境外游转国内、航线下沉、各地支线机场的投入使用；四是利用集团 IT、观光巴士等资源，集合景区业态供应商为景区赋能。

2015 年 6 月，春秋航空开通了上海—张掖的旅游包机航班。张掖既有“半城芦苇”的自然美景，也有“半城塔影”的历史风貌，文化沉积深厚，人文景观丰富，是国家级历史文化名城和中国优秀旅游城市。有祁连山草原、张掖丹霞、黑河湿地、黑河峡谷和平山湖大峡谷、红西路军战斗遗址和烈士陵园、马蹄寺石窟群等人文与自然景区，还有独特的裕固族、蒙古族、藏族风情等。春秋集团通过航线优化、客源组织、产品设计、营销策划等带动张掖旅游经济发展。在航线优化方面：一是积

① 春秋集团、首旅如家携手打造旗下首个交通枢纽酒店 – 春秋航空网（ch.com）
② 春秋集团、首旅如家携手打造旗下首个交通枢纽酒店 – 春秋航空网（ch.com）

极拓展国际及地区航线直飞张掖；二是持续优化国际、国内中转流程，进一步提升张掖枢纽竞争力；三是开拓全国的多个航点直飞张掖，打造多点布局的航线网络，为张掖输送全国各地的客源。充分运用春秋航空和旅游客源组织优势，带动更多游客前往张掖，体验目的地的风景、娱乐、文化和美食。

在客源组织方面，春秋航空 5 年累计为张掖输送旅客近 10 万人，每年平均为张掖输送近 2 万人。2015—2019 年的年平均客座率为 94.1%。春秋集团通过航旅结合持续为张掖输送客源，在一定程度上提高了张掖在全国的知名度，带动整个目的地发展（图 6.2，图 6.3）。

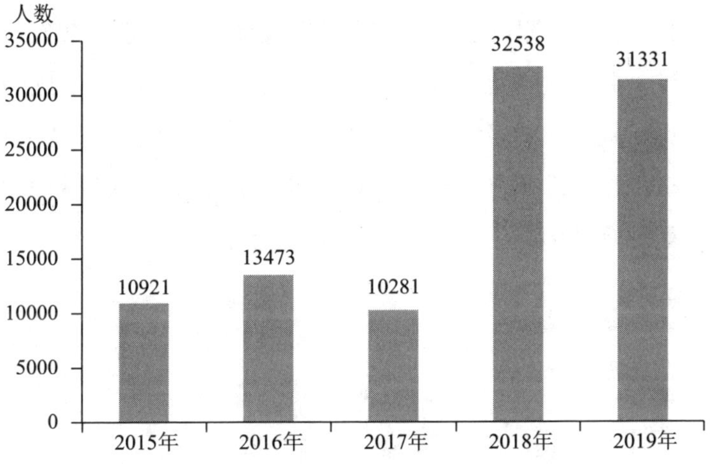

图 6.2　2015—2019 年每年为张掖输送旅客

资料来源：春秋集团。

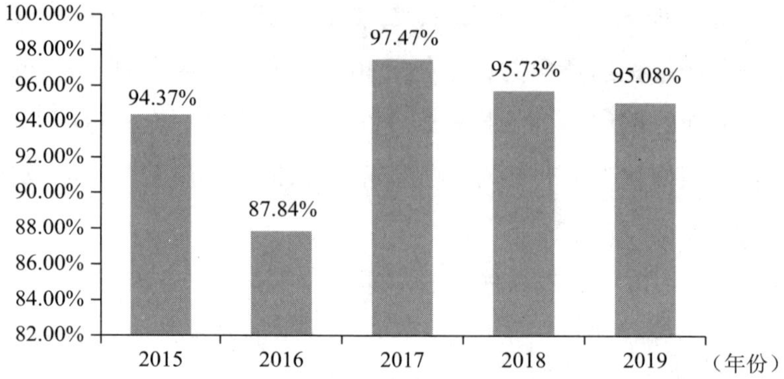

图 6.3　2015—2019 年春秋航空每年为张掖输送旅客的航班客座率

资料来源：春秋集团。

疫情下，春秋集团通过航旅结合推动张掖旅游复苏。自 2020 年 6 月份疫情好转，春秋航空也加大对张掖的运力投放，每个月的旅客人数保持稳定增长。截至 2020 年 10 月，游客数呈现快速增长，累计为张掖输送旅客 20056 人次，客座率达 87.05%。更多旅客的进入带动了张掖旅游产业链的发展（图 6.4）。

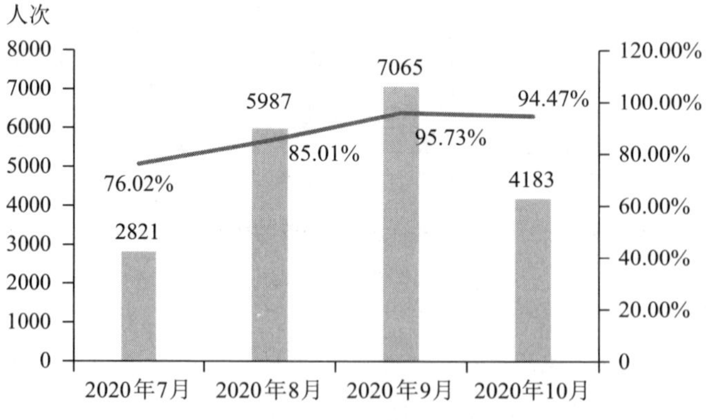

图 6.4　2020.7—2020.10 春秋航空为张掖输送旅客人数

资料来源：春秋集团。

在旅游产品设计方面，春秋旅游充分利用航旅结合的优势，且不断挖掘西北旅游资源，以张掖为支点，串联周边景点线路设计旅游产品。从甘肃省内的跟团游产品，到甘青小环线的产品，以及甘青宁大环线产品等，在线路编排上不断优化，行程更趋于合理，最终使张掖沿线游系列产品深受市场青睐。充分运用春秋航空和旅游客源组织优势，带动更多游客前往张掖，带动旅游目的地经济发展。同时，通过整合短视频媒体、租车、餐饮、文化、酒店、景区等目的地资源，构建目的地旅游产业链，打造目的地航旅生态圈。2015—2019 年，春秋旅游 5 年累计为张掖输送游客 8 万多人次，累计使用酒店间夜量 18 万，累计为张掖新增设计 526 个新产品，年平均客单价（人均）2047 元。

表 6.1　2015—2019 年春秋旅游为张掖输送的客源

日期	2015 年	2016 年	2017 年	2018 年	2019 年
人次	7875 人	10736 人	11018 人	23966 人	29580 人
间夜量	1.3 万间夜	2.8 万间夜	3.2 万间夜	4.6 万间夜	4.8 万间夜
新增产品（SKU）	23 条	56 条	126 条	153 条	168 条

资料来源：春秋集团。

在营销方面，2018 年成功举办了上海春秋旅行社有限公司全球供应商大会，参会供应商 131 家，其中海外供应商 73 家。通过此次大会，进一步将张掖旅游资源全方位呈现给海内外各大旅行社，同时也对张掖旅游整体形象重点进行了宣传。在 2018 年 6 月张掖临泽县，举办了马自骑比赛，将近百名骑行爱好者参与，也对当地进行了良好宣传。张掖旅游包机航班是在国家提出“一带一路”，西北大开发的背景下运营起来的，从起初的 7、8 月份执行航空，到后来几年的整个夏秋季（3—10 月）执行，以及 2021 年计划的全年执行。

航旅融合，多渠道为张掖输送客源。2015—2019 年，春秋集团年平均为张掖输送旅客近 3.6 万人次，累计为张掖输送近 20 万的旅客。2018 年，春秋航空客运总数占张掖机场旅客吞吐量的 18.4%。春秋集团通过航旅融合模式助力张掖乃至整个甘肃旅游目的地快速发展。

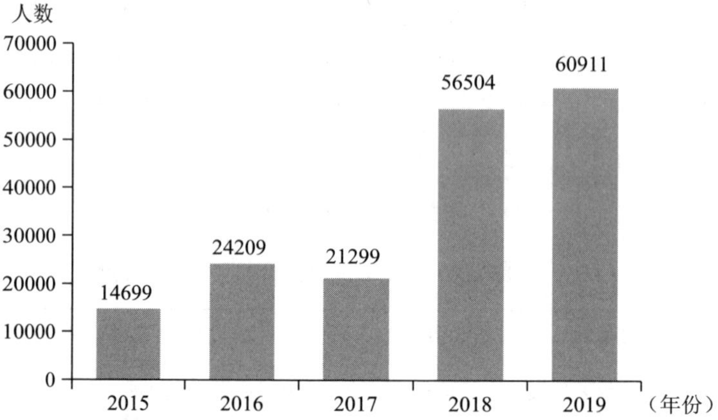

图 6.5　2015—2019 年春秋集团每年为张掖输送旅客人数

资料来源：春秋集团。

春秋集团通过航空和旅游融合，多渠道为目的地输送客源；深度整合目的地资源，通过创新业态布局，打造多种旅游产品，推动目的地旅游产品的转型升级；多渠道进行营销推广，打造旅游目的地形象，提高旅游目的地知名度。春秋集团为目的地输送的大量客源，带动了目的地食、住、行、游、购、娱等旅游产业的发展，促进了旅游目的地经济的繁荣与发展。

6.1.4.2 航旅融合助力景区发展

春秋集团通过航旅融合助推长白山旅游景区发展。长白山因其主峰多白色浮石和积雪而得名，以其丰饶广袤、博大深厚、独特多样、悠久厚重的自然资源和人文积淀而驰名天下。长白山的冰雪资源丰富，独特的冰雪资源与地形的完美结合，为冬季开展滑雪等冰雪旅游提供了良好的活动场地。整个区域的旅游资源组合较好，基本上形成了东西部自然生态旅游和中部人文风光旅游区域格局。为了提高长白山的通达性，在长白山西坡专门建设了长白山旅游机场。

2013—2020 年，春秋航空八年累计为长白山景区输送旅客 868745 人，每年平均为长白山景区输送 108593 人次，年平均客座率 86.37%（详见图 6.7）。春秋集团持续为长白山景区输送客源，在一定程度上提高了长白山景区在全国的知名度，带动整个景区甚至目的地发展。在后期，实现溢出效应，带动多个航司为长白山景区输送客源，使得景区保持稳定的客源市场（图 6.6）。

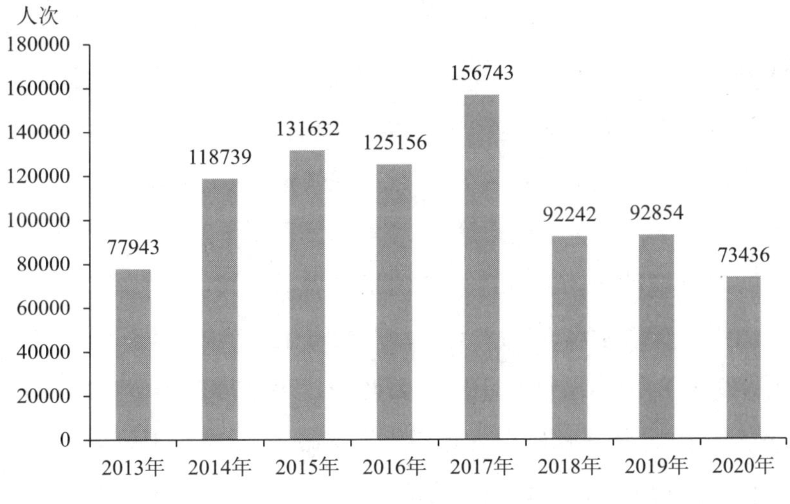

图 6.6　2013—2020 年春秋航空为长白山景区输送旅客人次

资料来源：春秋集团。

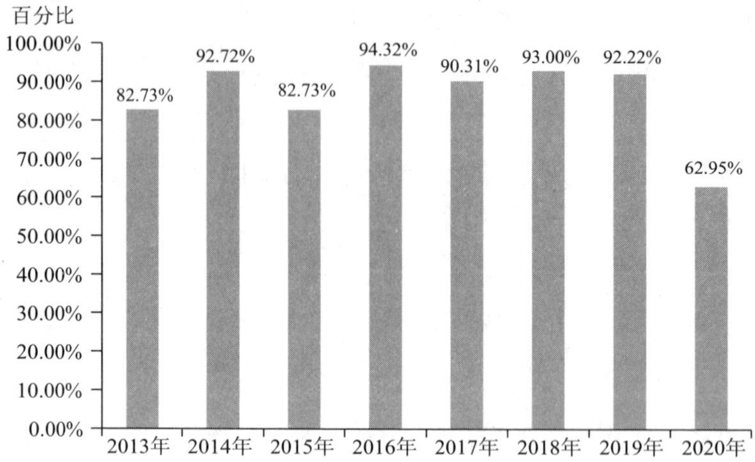

图 6.7　2013—2020 年春秋航空为长白山景区输送旅客航班平均客座率

资料来源：春秋集团。

疫情下，春秋集团通过航空和旅游结合助力长白山景区快速复苏。自 2020 年 6 月份疫情好转，春秋航空也加大对长白山景区的运力投放，每个月的旅客人数保持稳定增长。2020 年 12 月，长白山景区依托良好的冰雪资源，进入旅游旺季，游客数呈现快速增长，全月为长白山景区输送旅客 16351 人次，客座率达 86.71%（详见图 6.8）。

春秋旅游联动布局，打造长白山景区旅游线路。春秋旅游平均每年为长白山景区输送游客 77718 人次，平均每年采购酒店间夜量 3.175 万，平均每年为长白山新增设计 106 个新产品，年平均客单价（人均）2018 元。2015—2019 年春秋旅游为长白山输送游客人次、酒店间夜量、新增旅游产品、人均客单价，详见表 6.2。

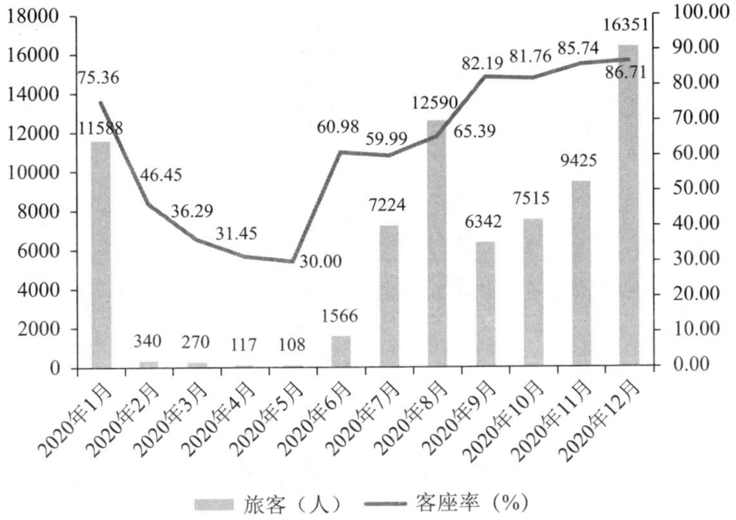

图 6.8　2020 年 1—12 月春秋航空每月为长白山景区输送旅客数和平均客座率

资料来源：春秋集团。

表 6.2　2015—2019 年春秋旅游为长白山输送的游客

年份	2015	2016	2017	2018	2019
人次	79942 人	95143 人	79801 人	72335 人	71198 人
酒店间夜量	3.7 万间夜	3.9 万间夜	3.6 万间夜	2.5 万间夜	2.8 万间夜
新增旅游产品（SKU）	72 条	86 条	96 条	117 条	132 条
客单价（人均）	1986 元 / 人	2052 元 / 人	2139 元 / 人	2014 元 / 人	1900 元 / 人

资料来源：春秋集团。

春秋集团通过航旅融合多渠道为长白山景区输送客源。2015—2019 年，累计为长白山景区输送近百万的旅客。春秋集团通过航旅融合模式助力长白山景区乃至整个旅游目的地快速发展。

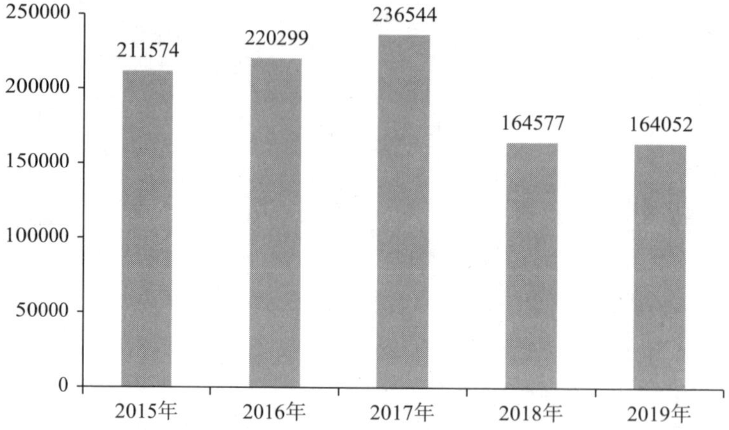

图 6.9　2015—2019 春秋集团航旅结合为长白山输送旅客数

资料来源：春秋集团。

春秋旅游多渠道为长白山景区开展营销推广。2013 年 3 月，召开了江浙同行代理商大会（近 200 多家）、国内供应商大会（近百人），两次大会对于刚开通不久的长白山旅游包机推广可谓意义重大。会议期间，春秋旅游进一步对当时的国内旅游同业代理以及供应商深入介绍了长白山当地滑雪资源，以及结合春秋航空直飞航班所配套的自由行产品，让航旅结合的模式逐步被市场认同，“机 + 酒”的产品也在市场上受到热捧并且充分提升了性价比。

2016 年 11 月，举行滑雪俱乐部开板活动（包机百人游），此活动是长白山旅游包机执行几年后，冬季滑雪市场的主题活动逐渐成为新热点，尤其在年轻的滑雪客群中，冬季去长白山滑雪已经逐渐成为他们圈子中的一种时尚。春秋集团利用拥有上海往返长白山的大交通优势，结合当地万达度假区的酒店资源，研发新的冰雪旅游产品。市场上各大滑雪俱乐部的主题活动，都陆续找到春秋旅游提报旅游计划与需求。

2017 年 3 月，召开的春秋旅游全球供应商大会（近百家），进一步宣传长白山的旅游产品，长白山旅游包机的航旅结合模式也逐渐面向国际市场，一些外企开始在长白山安排各自的企业年会，如 2019 年 1 月的达能集团年会（近 500 人）。

2017 年 9 月份，在长白山举办了马自骑比赛，比赛持续两天，分别为从天池北坡到西坡的穿越赛、从天池西坡的爬坡赛事。此次活动得到了当地政府和长白山管委会的大力支持，近千人的赛事也对长白山旅游起到了良好的宣传。通过体育赛事的举办，扩大了长白山景区的客源市场，也在一定程度上平衡了淡季旅游需求。

在 2019 年 4 月，召开了春秋旅游江浙沪同行代理商大会（近百家）、向长三角客群推介长白山航旅包机旅游产品，挖掘市场需求。同年冬季，联合百草团亲子举办了亲子主题冰雪游，一共 15 个家庭，共计 50 人团队前往长白山旅游，开启了冰雪亲子游的全新时代。

长白山旅游包机航班从起初的冬春季执行，到后续的全年执行，从经停航班到直飞航班（其中几年冬春季还是独家直飞）。随着航旅结合的优势不断凸显，市场占有率也逐步提升。在航班运力持续稳定的保障下，春秋旅游对长白山当地的酒店资源把控也更加稳，无论是新开业的柏悦、凯悦酒店，以及后期开发的鲁能胜地滑雪度假区。尤其是在一年最旺的滑雪旅游季中，当一些同行都对于当地的旅游资源普遍无法落实的情况下，度假区酒店依然给予春秋旅游在保证库存的前提下市场最优政策。长白山旅游包机运营成功的背后，可以观察到航旅结合的重要性和必要性，也体现了航旅融合是旅游今后要坚定不移走下去的路。2022 年 1 月 1 日起，春秋航空加密上海—长白山航线的航班，每天将有三个直飞航班，包括上海在内的长三角游客前往长白山的选择自由度大大提升，为长白山景区输送更多的客源，带动整个景区乃至整个旅游目的地食住行游购物产业的发展，推动目的地旅游经济增长。航空不仅赋能旅游，旅游也促进航空发展，二者相互融合。

6.2 上航旅游集团航空和旅游产业融合

本小节将对上航旅游集团的航空和旅游产业融合进行剖析，主要对上航旅游集团的基本情况进行阐释，对上航旅游集团航空和旅游产业融合模式进行分析，即对“机场全线运营主导的航空大交通＋旅游产品”航空和旅游融合的模式创新、具体内容等进行剖析。

6.2.1 上航旅游集团简介

上海航空国际旅游（集团）有限公司（简称“上航旅游集团”）成立于 1986 年，总部位于上海，是中国东方航空股份有限公司旗下以旅游服务、商务差旅为核心业务的综合旅游集团。上航旅游集团坚持“以市场为导向，以产品为核心，以精优为目标”，致力于成为国内领先、具有航空特色的旅行服务集成商。2021 年，在新成立的中国旅行社协会航旅分会上，上航旅游集团当选为执行会长单位。

2019 年 3 月，绿地集团以 2.51 亿元成功竞得上航旅游集团股权项目，持有 65% 股权，并推动上航旅游集团进一步混改，形成绿地、东航、管理团队“三元股权结构”的“绿地模式”。[①] 2021 年，上航旅游集团顺利实施混合所有制改革，打响“创新转型升级战”的攻坚年。面对出入境业务全面停滞的现实困境，上航旅游集团上下凝心聚力、守正创新，以航旅运营、商务差旅、旅行社、目的地运营、空港服务、MICE 等“六大战略重点”为突破口，大刀阔斧进行“体制改革”和“业态创新”，秉持“泛航旅无边界”经营理念，多业态、多维度的集团化布局，逐步实现了

① 2.51 亿接手上航国旅 65% 股权 绿地拟 2021 年实现旅游业务资产证券化（baidu.com）

从传统旅游服务商向具有航旅特色的综合性旅游运营商的角色转变。①

受疫情影响，传统旅游行业面临严峻挑战，旅游消费方式和需求都发生了巨大转变，在这种情况下，上航旅游集团依托自身资源禀赋，积极探索行业“新赛道”。上航旅游集团积极探索航旅运营业务，即融合航空公司、机场、旅行社等多元产业，使其发挥各自优势，相互助力发展的一种旅游商业合作新模式，也是上航旅游集团战略板块中的重中之重。从 2015 年起，上航旅游集团相继与绵阳机场、广元、榆林、百色、鄂尔多斯等机场进行战略合作，在“航空 + 旅游”领域积累了宝贵的实践经验，形成国内独树一帜的航旅运营管理模式。2020 年，上航旅游集团与遵义新舟机场合作，成为全国首例旅游集团与吞吐量百万级以上机场全方位航旅合作的成功案例；2020 年 8 月，上航旅游集团与中联航达成战略合作，全方位拓展市场；2021 年，上航旅游集团与三明市政府签署合作协议，配合三明沙县机场开展航线运营工作。② 通过坚持不懈的努力，2021 年 8 月，上航旅游集团荣膺中国旅行社协会航旅分会首届执行会长单位，成为国内第一家融合航空公司、机场、旅行社等多业态的行业平台。

6.2.2 上航旅游集团航旅融合模式

2020 年 7 月 9 日，上航旅游集团与遵义新舟机场完成战略合作协议签订，在旅游业受疫情重创特殊时期达成创新合作，开创了全国首例旅游集团与百亿元级机场合作的先河③。上航旅游也正在从传统型旅游服务商向综合型旅游运营商转型，向航空旅游的上游产业链和价值链布局。

① “唯有转型才是生存关键！”这家国企迎来改革三周年（baidu.com）
② 暖春行动丨直击转型中的旅行社：干叫苦无意义 全力转型博得生机（baidu.com）
③ 上航旅游集团与遵义机场结成战略合作协议 – 中国民航网（caacnews.com.cn）

传统的“航空+旅游”模式，多以包线游、包机游为主，而上航旅游的“航空+旅游”模式，是“机场全线运营主导的航空大交通+旅游产品”的跨界融合。通过全面掌控机场的航线资源，把航空和旅游融合成一个整体来进行规划运营。依托上航旅游集团和绿地酒店旅游集团的旅游渠道能力和专业运营能力，整合旅游目的地城市的景区、住宿、交通、餐饮、文化、教育等资源，高效串联旅游产业链上下游，形成良性循环的航旅生态圈，助推旅游目的地城市及周边地区旅游产业高质量发展。上航旅游集团通过航空和旅游融合，致力于达成以下三个目的，一是让政府对机场的补贴可控，二是提升机场旅客吞吐量有保障，三是确立优势，在不确定环境下实现可持续发展。

在模式创新方面，自2014年始，上航旅游集团先后与榆林、广元、绵阳、鄂尔多斯等地政府建立战略合作关系，开始探索客源地到目的地航线的航旅模式。在2020年7月，在与遵义新舟机场合作时，将以往“单一航线”模式创新升级为“机场全线”运营模式。紧紧围绕遵义机场，充分利用遵义的优质旅游资源，主要通过调整与完善航线网络布局，延伸“机场+旅游目的地”触角，探索、挖掘、开发及优化遵义旅游产品，推动省外客源的导流，从而实现遵义新舟机场年吞吐量逐年增长的目标。

遵义新舟机场航空和旅游融合业务具体内容包括：通过梳理机场航线布局，找到航线缺口和替代航线；为遵义设计统一的品牌形象和宣传标语，进行统一营销；通过对目的地旅游资源的梳理，打造遵义目的地运营产品；以遵义为切入点，进一步把航旅的市场范围拓展到整个贵州省，打造遵义起止点的贵州旅游产品；通过大型主题活动，带动遵义商务客流增长；扩大旅游包机运作范围，为遵义输送更多客源；双方将通过联合OTA、租车、短视频媒体、餐饮、酒店、文化、景区规划运营等相关产业，深度整合遵义的各类文化旅游资源，构建航旅产业链，打造航旅生态圈，巩固航点优势。①

在业态创新方面，通过对遵义旅游的全面研究，发现红色旅游是遵义最具吸引力的特点，目前在企业培训方面还有很大发展空间。因此，上航旅游专门构建红色旅游培训板块业务，将“红色培训＋企业旅游”有机结合，创新打造新业态。并提出让“每一家企业，都需要一次遵义会议”的品牌口号，以2021年建党100周年为契机，将遵义打造成为国内首屈一指的红色旅游目的地，培育一批以国央企客户为主要群体的红培旅游示范基地。

上航旅游集团通过航线精细运营、航旅产品设计、营销方案策划、旅游客源组织、文创项目建设等方式，精心打造出“青红皂白奔遵义”精品旅游线路。“青”指青山绿水，“红”指红色文化，“皂”指尊贵的意思，一种贵运，“白”指白酒之都，也指遵义特有民居色；“奔”指航线直达，也有急切向往的意思，如奔小康。②在2020年7月跨省“随心游”全国首发团的激烈竞争中脱颖而出，大放异彩，获得了《人民日报》《文汇报》等多家主流媒体的竞相报道。

2021年，上航旅游集团将以“红色旅游”为契机，将航旅模式在全国各省市进行规划布局。目前集团正在与百色、井冈山等地政府进行探讨，积极筹备打造更多红色航旅目的地，以蓬勃奋进的姿态，在“航空＋旅游”新模式方面，助推旅游业实现高质量发展。

① 上航旅游集团与遵义机场结成战略合作协议－中国民航网（caacnews.com.cn）

② 上航旅游集团与遵义机场结成战略合作协议－中国民航网（caacnews.com.cn）

6.3 同程集团航旅融合模式

本小节在对同程集团的概况进行介绍的基础上，阐释了在线旅游企业——同程旅游集团的航空和旅游融合模式，其通过控股湖南航空掌握上游旅游交通资源，并成立航旅集团实现航空资源和旅游资源客户融合、市场融合、技术融合等，开发了多种航空旅游产品。

6.3.1 同程集团简介

同程集团是一家多元化企业集团，正式创立于 2004 年，总部设在中国苏州，目前致力于旅游全产业链布局。同程是国家高新技术企业，商务部首批电子商务示范企业，连续多年入选“中国旅游集团 20 强”和中国互联网企业百强榜单。同程集团于 2016 年拆分为同程网络和同程控股两个板块，同程控股涵盖旅行社、金服、航空、资本等领域，是同程全产业链布局的核心板块。同程网络与艺龙旅行网于 2018 年 3 月合并为同程艺龙，聚焦交通出行及住宿预订业务。艾瑞咨询数据显示，以交易额计，同程艺龙是中国三大 OTA 之一，是同程集团生态体系内孵化出的第一个上市公司。

2017 年 12 月，同程集团旗下同程网络与艺龙旅行网合并为同程艺龙，致力成为中国在线旅行行业的创新者和领先者；2018 年 11 月 26 日，同程艺龙成功在香港联交所主板挂牌上市（股票代码：0780.HK）。同程艺龙致力于打造在线旅行一站式平台，业务涵盖交通票务预订（机票、火车票、汽车票、船票等）、在线住宿预订、景点门票预订，及多个出行场景的增值服务，用户规模超过 2 亿，是中国两大出行平台之一。2020 年 4 月 22 日，同程艺龙推出了全新的服务品牌“同程旅行”，启用了新的品牌标识和品牌口号“再出发，就同程”，希望用更年轻的方式服务更多用户。

6.3.2 同程集团航旅融合模式

同程集团引进航空公司专业团队，在包机、切位的基础上以虚拟航空切入。2017年4月，同程集团筹建同程捷运航空有限公司，注册资本10亿元；同年，同程集团又投资了云南红土航空，建立互联网+旅游属性的航空公司，从最底层搭建同程大交通体系。2020年，云南红土航空改名为湖南航空，第一大股东是有互联网背景的同程航旅，二股东是拥有国资身份的湖南财信，两大股东携手试图打造全球首家互联网+航空模式。截至2021年1月，拥有全空客A320系列飞机14架，平均机龄在3年左右。通航长沙、南京、昆明、成都、哈尔滨等国内33个城市，共有34条航线。湖南航空将整合湖南省"航空+旅游"产业链资源，推进以"锦绣潇湘"为品牌的全域旅游基地建设。

同程旅游可以利用在线旅游巨大的流量资源、专业化在线预定平台和品牌优势，结合航空机票业务提供更多的航空旅游产品、线上线下更优质的服务。同程旅游往上游进入旅游交通，必将进一步联动旅游上下游产业链，将会产生更多的资源互享、资产互通优势，两个产业是基于市场需求、共同的旅行者等实现深度融合。通过航空和旅游融合加强对出发地的投入力度，深化与本地供应商的合作，建立更加完善的本地化产品运营体系，为用户提供最佳服务体验。

2020年，湖南航空和同程集团旗下的同程旅业、同程国旅共同组建了同程航旅集团，发展特色是旅游特色航空。同程旅业遍布全国的业务网络和品牌优势，提供客源及产品开发支持；同程国旅丰富的线上旅行社运营经验，提供强大的互联网运营支持。依托同程旅游大数据分析，旅游目的地将占据湖南航空航线开辟的重要比例，在旅游产品研发和目的地旅游规划上逐步开拓新型目的地旅游发展模式。同时，协同航旅集团，集中优势资源，大力推广“红色旅游”。① 同程航旅将深耕航空、旅游两大主业，通过发挥产业协同优势，探索航旅产业发展新方向。

目前，湖南航空和同程旅行会员互通完成试运营并正式上线，在双方平台享受双倍会员权益。通过会员互通实现客户资源共享，实现市场的融合，为会员提供更多优惠的航旅产品，让双方会员都能享受到便捷的出行体验；双方还将依托同程集团的在线旅游技术优势和旅游服务优势，从食、行、住、娱、游等方面提升会员权益和价值，打造本土航空差异化特色样板。②

2021 年 6 月，同程旅游联合湖南航空研发出“机 + 红色主题游”产品，旅客使用同程旅行 App 或者小程序预订湖南航空的机票到达长沙，并选择带有“送红色主题游”标签的产品，就能获得同程旅游赠送的价值 75 元的长沙—韶山一日游产品，该产品包含景区 / 景点门票、交通、导游讲解、旅游环保车等服务项目，游客可以免费去到毛泽东纪念馆、韶山花明楼等红色旅游景区。③ 可以预订该产品的航线包括南京、昆明、成都、西宁等飞往长沙的航线。

2021 年 5 月，同程航旅旗下的湖南航空和同程旅游联合推出“鸿鹄旅行家”产品，该产品是主打“机 + 酒”的自由行产品；该产品综合了同程旅游的大数据分析，并结合同程旅游的旅游产品资源，以及湖南航空的航线资源，所设计出来的产品；该产品主要涉及湖南航空的热门航线和热门旅游目的地，为游客提供出行中最重要的酒店和交通服务，游客在目的地具体安排行程。④

① 湖南航空简介 – 湖南航空官网（redair.cn）

② 湖南航空 & 同程旅行会员互通上线 畅享双重权益 – 湖南航空官网（redair.cn）

③ 湖南航空联合同程旅游推出“机 + 红色主题游”产品（qq.com）

④ 湖南航空联合同程旅游推出“鸿鹄旅行家” – 湖南航空官网（redair.cn）

2021 年 4 月，同程航旅旗下的湖南航空和同程旅游，在湖南省机场管理集团等单位支持下，打造了“空铁联运红色旅游”项目。游客乘湖南航空的红色主题航班达到长沙后，乘坐高铁前往旅游目的地。湖南航空和同程旅游在航线运营、机场高铁之间的接驳、旅游产品设计、宣传营销等方面通力合作，为游客提供食、住、行、游、购、娱的“一站式”出行服务；该产品为游客提供了便捷的旅行交通体验，以及更加个性化的旅游服务；在飞机客舱内营造红色文化氛围，在高铁上开展唱红歌、趣味党史知识互动等活动，让游客沉浸式体验红色精神①。这是同程航旅发挥“航空 + 旅游”产业平台先天优势，推动湖南航旅经济发展的新实践。

6.4 案例分析总结

通过对春秋集团、上航旅游集团和同程集团三个不同案例的研究，探讨了三种不同类型的航旅融合模式。一是春秋集团是在传统旅行社的基础上创办了低成本航空公司，实现了航空公司的独立发展并上市；同时，与旅游融合实现包机旅游、航旅酒一体化发展等，并推动旅游往目的地、景区等发展。二是上航旅游集团是具有航空基因的旅行社，其通过与机场合作打造“航空 + 旅游”发展的航旅模式，但该种航旅融合模式的成效如何还需要继续观察。三是同程集团作为一家在线旅行服务企业，通过收购航空公司实现航旅融合发展，虽然同程旅游具有技术、客源等方面的优势，但其没有航空企业经营管理的经验，而且其控股的湖南航空是一家独立的企业，两个企业在融合过程中如何实现人员知识融合、管理融合等还面临考验。

春秋集团和途易集团在航旅融合上有一定相同之处，两家企业都是

① 湖南航空打造“空铁联运红色旅游” – 中国民航网（caacnews.com.cn）

在旅行社的基础上创办航空公司，不同之处是途易集团的航空公司只服务于自己的游客，主要开展包价旅游业务；而春秋集团主要依托航空公司做包机业务。目前，两个企业都是航旅融合做得比较成功的企业。但在市场竞争压力下，二者也面临挑战。一是航空公司依托自身航线优势等也大力开发航旅假期产品，在争夺旅游客源市场。二是现有的旅行社企业也通过收购航空公司，依托已有的旅行服务优势，打造航旅产品，抢占市场。三是旅行社企业依托自身组织客源的优势，与机场合作打造航空旅游产品。在现有的市场竞争下，春秋集团要在现有的基础上，实现航空和旅游的深度融合，如依托低成本航空的优势和旅游优势，开辟三、四线城市的旅游市场。

6.5 本章小结

本章主要对航空和旅游产业融合的国内典型案例企业进行了分析，主要是选取了三家不同类型的航空和旅游融合发展的企业进行了分析，分别是春秋集团、上航旅游集团、同程集团，三家企业航空和旅游融合的模式各不相同。主要包括以下内容：

第一，以春秋集团为案例深入剖析了传统旅行社企业航空和旅游融合的动因、路径和模式。春秋集团航空和旅游融合的内部动因主要包括旅游需求拉动、企业发展追求、降低成本增加利润等内驱力，外部动因主要包括航空管控政策放松、信息技术支撑等。春秋集团航空和旅游融合的路径主要包括：资源融合、市场融合、企业融合、产品融合方、技术融合。春秋集团航空和旅游融合的模式主要包括：旅游包机、航旅酒一体化融合，以及航空和旅游融合共同促进张掖旅游目的地和长白山旅游景区的发展，促进目的地旅游经济发展。

第二，对上航旅游集团航空和旅游融合的模式进行了剖析。与传统的“航空 + 旅游”模式不同，上航旅游集团的“航空 + 旅游”融合模式是实现“机场全线运营主导的航空大交通 + 旅游产品”的跨界融合，通过全面掌控机场的航线资源，把航空和旅游融合成一个整体，来进行规划运营，推动整个旅游目的地的发展。

第三，阐述了在线旅游企业——同程集团航空和旅游融合的模式。同程集团通过控股湖南航空掌握上游旅游交通资源，并成立同程航旅集团实现航空资源和旅游资源在客户、市场、技术等方面的融合，并开发了“机 + 红色主题游”产品、“鸿鹄旅行家”自由行产品、“空铁联运红色旅游”产品等多种航空旅游产品。

第 7 章

研究总结与展望

本研究的主要问题和主体内容已经分析和论证完成。本章将对全文的整体研究过程、研究内容等进行全面总结，在总结主要研究结果和发现的基础上，进一步对研究结论进行深入分析与讨论，并提出本文的理论贡献与管理启示。最后，分析存在的不足之处，并进一步提出未来研究方向。

7.1 研究结论与讨论

随着旅游业的快速发展，航空产业与旅游产业在市场开放、旅游便利化趋势下加快融合发展，并且受到国家相关管理部门、地方政府机构、旅游企业和整个行业等的关注。在国家层面出台了多项促进航空产业和旅游产业融合发展的政策措施，地方政府也提出要推动航空产业和旅游产业融合发展，以进一步推动目的地旅游业发展。在行业层面成立了航空旅游协会，通过发挥行业的力量，推动航空产业和旅游产业融合。但在学术层面，对航空产业和旅游产业融合的研究还很不足，对该问题进行研究有助于厘清航空产业和旅游产业融合的现状、融合的路径和模式等，在此基础上提出推动航空产业和旅游产业融合发展的建议与对策，以更好地推动航空产业和旅游产业高质量融合发展。

本研究基于产业融合理论和价值链理论，主要聚焦于航空产业和旅游产业融合的相关研究问题，采用文献研究、综合分析、访谈和实地调研等方法，重点探究“为什么融合”——研究航空和旅游产业融合的动因、“怎么样融合”——挖掘航空和旅游产业融合的路径、“融合模式是什么”——分析航空和旅游产业融合的模式、“怎么办”——提出推动航空和旅游产业高质量融合发展的建议与对策四个主要研究问题，对以上问题进行了系统和全面的分析。本文主要研究结论与讨论如下。

7.1.1 航空和旅游产业融合动因

在对航空和旅游产业融合的国际案例——途易集团和泰国航空的航旅融合模式进行分析的基础上。本研究通过理论推演和综合分析对航空产业和旅游产业融合的动因进行了系统剖析。首先，对航空产业和旅游产业融合的基础进行了探究，航空产业和旅游产业融合的基础包括：产业关联性强、消费需求升级、市场基础、经济基础，只有二者有融合的基础，才能实现产业关联，最终实现产业融合。其次，对航空产业和旅游产业的关系进行了研究，二者具有天然的联系，相辅相成。航空业促进旅游产业发展，主要包括：推动旅游者出行便利化、推动旅游目的地发展、推动区域旅游业发展、增强旅游点之间的联系、拓展客源市场。旅游业促进航空产业发展，为航空产业提供大量客源、有助于机场布局和航线规划、带动通用航空旅游业的发展、带动航空旅游资源的开发。

在以上研究的基础上，本研究构建了航空产业和旅游产业融合模型，比较清晰地阐释了航空和旅游产业融合的内在作用机制，以及航空产业和旅游产业的内在关系和融合效应。航空产业和旅游产业的融合升级不是简单的结合，是两个产业之间相互促进和相互融合的过程，是基于市场、客源和旅客需求实现深度融合。航空和旅游产业融合发展，能推动产业链升级，旅游产业和航空产业优势互补，推动旅游目的地的发展。

航空产业和旅游产业融合的动因主要包括内部动因和外部动因，内部动因主要包括产业升级（引擎力）、旅游需求（拉动力）、降本增效（内驱力）和企业追求发展（源动力）；外部动因包括政府政策（扶持力）、信息技术（支撑力）、市场竞争（推动力）和区域经济发展（牵引力）。基于内部动因和外部动因构建了航空产业和旅游产业融合动因作用机制模型，内部动因和外部动因相互影响，共同作用于航空产业和旅游产业的融合。为了进一步探究本研究得出的融合动因的准确性和可靠性，通过案例分析实证研究了航空和旅游融合动因。具体来说，本研究选取了国内知名的航旅企业——春秋集团进行了深入剖析，研究结果表明：春秋集团航空和旅游融合的内部动因主要包括旅游需求的拉动、企业发展追求、降低成本增加利润等内驱力，外部动因主要包括航空管控政策放松、信息技术支撑等。

航空产业和旅游产业融合动因模型的构建，为后续的航空和旅游融合相关研究问题奠定了理论基础。在一定程度上丰富了航空和旅游产业融合研究的理论框架，拓展了产业融合理论的应用范围。本研究基于内部动因和外部动因，构建了航空产业和旅游产业融合动因模型，丰富了航旅融合的理论研究和旅游产业链的研究内容。

7.1.2 航空和旅游产业融合路径

本研究通过理论分析和案例分析，从价值链解构和价值链重构的视角分析了航空产业和旅游产业融合发展机制。在航空产业和旅游产业价值链重构中，要以旅游者的需求为核心导向，对两种产业间的不同要素进行重新组合形成新的航空旅游产品、航空旅游模式等，实现产业价值链重构。基于此，本文对航空产业和旅游产业融合路径进行了分析，总结出 6 条融合路径，分别是资源融合、市场融合、企业融合、产品融合、技术融合和服务融合，在此基础上构建了航空产业和旅游产业融合路径作用机制模型。这六个路径相互影响、相互促进，共同作用于产业融合。资源融合是航旅产业融合的基础，市场融合是航旅产业融合的内在原因，企业融合是航旅产业融合的主体，产品融合是航旅产业融合的结果，技术融合是航旅产业融合的推动力，服务融合是航旅产业融合的特色。

为了进一步探究本研究得出的航空产业和旅游产业融合路径的准确性和可靠性，通过案例分析实证研究了航空和旅游融合路径。本文以春秋集团为案例研究对象，实证分析了航空产业和旅游产业融合路径，研究结果表明：资源融合、市场融合、企业融合、产品融合、技术融合是春秋集团航空产业和旅游产业融合的路径。通过对航空产业和旅游产业融合路径的研究，为后续二者的融合模式研究奠定了理论基础。

7.1.3 航空和旅游产业融合模式

延伸型融合模式是指航空产业和旅游产业基于资源开发、市场开发和功能拓展等方式，实现价值链延伸，创造出新的产品、业态和服务等，增加产业链价值，提升产业竞争力。渗透型融合模式是指航空产业和旅游产业通过科技、信息和服务创新等方式，使产业间的资源要素相互渗透。重组型融合为航空产业和旅游产业的产品和服务融入更多地参与内容、价值感、功能性和体验性内容，满足消费者品质化和个性化的消费需求。一体化融合模式主要是指两种产业在纵向价值链和横向价值链上全面融合，形成多维的价值链网络结构。本研究通过对航空产业和旅游产业融合模式进行探究，拓展了航旅产业融合的研究内容，完善了航旅产业融合的理论框架，弥补了已有研究的不足，也为航旅产业融合的其他研究提供借鉴。

研究通过案例分析，对航空和旅游产业融合的模式进行了实证研究。具体而言，研究选取了春秋集团、上航旅游集团和同程集团三个不同类型企业作为案例研究对象，深入剖析不同类型企业航旅融合的模式。

春秋集团是典型的由传统旅行社向上游航空产业链延伸的代表，通过创办航空公司实现对航空交通资源的把控，实现航空客运和旅游业的一体化融合；其融合的模式主要包括：旅游包机、航旅酒一体化融合，以及航空和旅游融合共同促进张掖旅游目的地和长白山旅游景区的发展，带动旅游目的地旅游经济发展。

上航旅游集团是具有航空基因的传统旅行社，其是东方航空旗下的旅行社集团，上航旅游集团通过与机场合作来延伸旅游目的地资源，实现航空和旅游融合发展。与传统的“航空＋旅游”模式不同，上航旅游集团的“航空＋旅游”融合模式是实现“机场全线运营主导的航空大交通＋旅游产品”的跨界融合，通过全面掌控机场的航线资源，把航空和旅游融合成一个整体来进行规划运营，推动整个旅游目的地的发展。

同程集团是在线旅游企业的典型代表，其通过投资控股湖南航空实现对旅游交通布局，并组建同程航旅集团整合航空和旅游两大产业的资源优势，并开发了“机＋红色主题游”产品、“鸿鹄旅行家”自由行产品、“空铁联运红色旅游”产品等多种航空旅游产品，实现航空和旅游的融合发展。

航空和旅游产业融合能带来一系列效应。融合效应主要包括：提高企业竞争力、创新产品和业态、拓展市场范围、推动产业多元化发展、推动区域经济发展。航空产业和旅游产业融合，不仅能实现旅游产业价值链的增值，还能增加航旅企业的发展空间，提高企业竞争力，并进一步推动区域社会经济的发展。本研究通过对春秋集团航旅融合的案例分析表明，航空和旅游产业融合发展能推动旅游目的地、旅游景区的发展，促进目的地旅游产业链的价值增值和旅游经济繁荣。春秋集团通过航线布局、旅游产品开发、旅游市场营销推广等为目的地和景区赋能，不仅能为目的地和景区带去大量客源，还能通过对当地资源的挖掘，为目的地开发新的旅游产品。

7.2 研究贡献与启示

本研究聚焦于航空产业和旅游产业融合的相关研究，重点探究了航空产业和旅游产业融合的动因、路径和模式等研究问题，在一定程度上对产业融合理论、航旅产业融合的理论拓展与实践建议两方面都有所推进。本节在上一节研究结论与讨论的基础上，总结本研究的理论贡献和实践启示。

7.2.1 理论贡献

航空和旅游产业的融合水平直接决定了旅游业和交通运输业的融合发展水平（周军培，2021）。目前，关于航空和旅游产业融合的研究还较少，关于其融合的机理还缺乏系统的研究，尚未形成比较系统的理论。一是针对航空产业和旅游产业融合的动因到底包含那些因素？具有怎样的作用路径？融合的模式是什么？关于这些问题现有研究还存在诸多不足。已有关于产业融合的动因和路径、旅游产业融合的动因和路径等，并没有考虑到航空产业的特殊性，些研究成果总体上较为分散、不够体系化和系统化。

本文在一定程度上丰富了航空产业和旅游产业融合的理论研究，基于产业融合理论、价值链理论等，对航空和旅游产业融合的动因、路径和模式进行了系统探究。在一定程度上拓展了航空和旅游产业融合理论研究内容及理论分析框架。

一是本研究综合理论和案例研究对航空和旅游产业融合动因进行系统分析，构建了航空和旅游产业融合的动因模型，并对其内在作用机制进行了剖析。弥补了已有关于航空产业和旅游产业融合动因研究的不足，并为后续的航空和旅游产业融合研究提供了系统的理论分析框架和研究方向。此外，这在一定程度上不仅可以推进航空和旅游产业融合动因研究向纵深发展，还可以为旅游产业融合动因研究的丰富和拓展做出理论贡献。

二是本研究基于综合分析和案例研究对航空产业和旅游产业融合路径进行了分析，并构建了航空产业和旅游产业融合路径模型。弥补了已有关于航空和旅游产业融合路径研究的不足，在一定程度上丰富了旅游产业融合研究的理论体系，也有助于对航空旅游产品开发、市场拓展、信息技术应用等开展深入的理论和应用研究。

三是本研究通过理论分析与案例研究对航空和旅游产业融合模式进行了研究，并对每种融合模式进行了深入剖析。在对航空和旅游产业融合模式理论分析的基础上，进一步通过案例研究对理论进行验证分析，为后续的旅游产业融合研究提供了分析模式和研究方向，也为航空和旅游产业融合的高质量发展提供分析工具。

7.2.2 实践启示

7.2.2.1 为航空和旅游产业融合营造良好的政策环境

政策支持是促进航空产业和旅游产业融合的重要因素。目前，国家已经出台了多项政策以推动航空产业和旅游产业融合发展。但随着市场变化、科技进步和消费者需求的转变，航空和旅游产业融合的政策也要随之调整，为二者的融合提供政策支持。航空基础设施建设需要大量的资金，可以积极吸收民间资本参与更多投资，允许民营经营主体更多地开展通用航空旅游基础设施建设、低空旅游基础设施建设等。当然民营经营主体的建设也是在政府的统一规划和监管下进行。一是还要加强民航局和旅游行政管理部门之间的协作，形成工作联动机制。二是在政策上加强协同作用，推进航空产业和旅游产业融合是推动产业发展的必然选择，建立有利于航旅产业合作创新的合作机制，在政策上协同可以为航旅融合发展营造良好的政策环境，并且通过政策引导来指引航旅产业融合的方向、路径和内容等。也能更好地规范航旅产业融合的市场秩序，推动产业融合的良性发展。三是通过政策协同，消除行政壁垒，增加市场的开放度和自由度，实现航空产业和旅游产业间的人员、技术、信息等资源的自由流动。四是推进航空产业和旅游产业的价值链增值，通过产业集聚发展，发挥资源协作的联动效应，提高产业竞争力。五是重点支持有竞争力的航旅企业，发挥其在航空和旅游产业融合中的示范作用，引导更多的企业开展航旅融合。六是企业是航空和旅游产业融合的主体，是航空和旅游产业融合的具体参与者。相关政府部门可通过税收政策、产业政策、管控政策等方面提供对市场主体的支持，鼓励企业通过跨界经营、实施战略联盟等方式，推动旅游企业和航空企业合作，实现航旅一体化发展。

7.2.2.2 加快航空旅游基础设施建设

目前，航空和旅游产业的融合还处于初级阶段，尚未实现深度融合。应通过基础设施建设为航空和旅游产业融合提供便利条件，积极鼓励各地开发低空旅游、通用航空旅游等项目。推动通用机场建设，开发通用航空旅游产品。在适合开发低空旅游的景区建设景区机场，不仅能提高景区的可进入性，还能围绕景区开发一系列低空旅游产品。推进支线机场建设，增加目的地的可进入性，增强航空客运网络布局，增加航线网络，发挥航空客运对目的地旅游业发展的推动作用，为目的地输送更多的客流。

旅游资源条件较好的目的地要结合自身条件，通过建设旅游机场或者是支线机场，提高目的地的可进入性，带动当地旅游资源的开发，并进一步助推目的地食住行游购娱等旅游产业链的发展。一方面，通过增加机场数量、优化航线布局、增加航班密度等提高目的地与外界的连通性，增加消费者到访的便利度；另一方面，增加与主要客源地之间的航空网络联结，提高旅游交通的通达性，增加消费者到访机会，提高旅游目的地的吸引力和竞争力。此外，旅游目的地还要考虑机场到景区、景点的便利度，要加强城市地面交通基础设施建设，增强机场与重要景区、景点的连通性，解决“最后一公里”的交通衔接问题。当本地不具备建设机场的条件时，要加强与周边机场联通的便利性，通过快捷的交通吸引游客前往，进而推动旅游产业发展。

7.2.2.3 推动航空和旅游联合营销

在航空和旅游产业融合过程中，要加强合作企业之间的市场营销。航空企业和旅游企业要互相开放市场，通过市场营销共享客源，实现合作共赢，共同推动产业价值链的增值。面向旅游市场，双方联手共同开发多样化的航空旅游产品，如低空运动、低空旅游、通航旅游等产品。

推动航空和旅游融合的模式创新，航空企业和旅游企业可以通过信息共享、共同开发航线等实现联合营销。航空企业和旅游企业应进行资源的整合，发挥双方资源优势为消费者提供更好的旅游产品。共同设计包含机票、旅游酒店、旅游线路、接送机等在内的航空旅游产品，提供便利的旅客中转服务，让旅行更便捷。航旅企业要根据市场客群制订不同的营销方案，根据不同的节假日开展不同的营销活动，通过短视频、公众号、电视等各种渠道进行宣传营销。同时，在合作过程中要保持紧密联系，根据市场需求的变化，及时对营销宣传进行调整，为消费者提供更多满足其需求的旅游产品，最大限度地提升产品和企业的品牌知名度，扩大市场份额，最终提升游客的满意度和忠诚度。如春秋航空和春秋旅游联合营销，在春秋航空的直销网站能直接购买春秋旅游的各类旅游产品。在新航线开辟中，春秋旅游会结合航线特色和旅游目的地资源开发不同类型的旅游产品，提高航线的市场影响力。

7.2.2.4 加强航空旅游产品研发

要加强对旅游客群的市场细分，针对不同游客群体的需求特征、消费行为和产品需求，研发不同的航空旅游产品，以满足消费者需求。如依托航空科技馆、航空博览园研发研学旅游产品，满足青少年求知心理。针对家庭旅游者可提供家庭联票，互动性和娱乐性强的产品。在游客需求个性化的消费趋势下，休闲度假旅游受到人们的喜爱。一方面，航空公司可以与旅游企业合作研发航空假期产品；另一方面，航空公司也可自己研发航空假期产品，航空假期产品是以航线网络为基础，选择热点旅游目的地和城市，并提供租车、酒店、旅游活动等服务产品，行程安排自由，出发时间灵活，方便旅客出行。通用航空公司可以与旅游企业合作开发航空体育产品，如跳伞、热气球等小众旅游产品。山东航空与山东省内多家优质旅行社、山东省老年人体育协会等合作开发了创新服务产品“慈翔中老年旅游产品”。该产品聚焦于老龄化群体，充分考虑老年群体的消费习惯、身体健康等因素。在游览过程中无购物、一站式乘机（提供始发地接送机）、提前换取登机牌、配备专职导游、专职全陪和专职司机，每晚为老年人测量血压，关注老年人健康，并精选适合老年人游玩的景点等；该产品提供多种报名渠道，便利老年人报名参团。

7.2.2.5 发挥低成本航空公司在区域旅游经济发展中的作用

低成本航空公司的重要客源之一就是外出旅游者。中国旅游研究院与携程旅行网联合发布的《中国休闲旅游客户需求趋势研究报告》表明，休闲旅游者最关注的服务项目是旅游交通服务等；在旅游总花费中，交通费用所占比重最大。

低成本航空的机票价格低，更能刺激旅游者增加出游频率，向游客宣传“行简住优”的出行理念。对于支线机场而言，发展低成本航空业务，可以提高目的地的可进入性。对于二、三线目的地，低成本航空公司的进入和航线布局，可以成为带动区域旅游经济发展的重要“引擎”。支线机场如果成为低成本航空公司的基地，则会间接扩大其航线网络范围，有利于吸引更多游客的进入，并直接推动目的地旅游产业发展。如春秋航空占张掖机场 18% 的旅客吞吐量，每年为张掖输送了大量的游客。目的地机场管理组织和旅游管理机构要加强与低成本航空公司的合作，通过开辟新的航线和增加航班时刻，来吸引更多游客。通过对春秋航空的调研，2009 年，春秋航空进驻石家庄机场，开通上海飞石家庄的航线，仅一年，上海飞石家庄的机场旅客吞吐量从每天 500 多人次增长到 2300 人次；2009 年，春秋开通上海至沈阳的航线，沈阳机场的旅客吞吐量是 2007 年的两倍。

低成本航空的高客座率，能够显著提升机场的吞吐量，提升机场的吸引力和知名度，进而扩大中小机场的影响力。2021 年春秋航空在南昌举行了航空旅游产品发布会，推介了江西省旅游产品，并发布旅游产品 50 条。春秋航空将和春秋国旅在境内外的分子公司合作，助力江西旅游发展，将昌北机场打造成低成本中转枢纽机场。

7.2.2.6 培育复合型航空旅游人才

航空和旅游产业融合拓展了旅游市场发展空间，新商业模式和新消费业态的创新等都需要人才支持。航空产业和旅游产业的高质量融合发展，需要既懂旅游又懂航空的复合型人才来推动产业融合，旅游产业和航空产业是在市场、产品、业态、商业模式等方面进行联动和对接。以往的从业人员只需要做好本职工作，但随着市场需求变化和信息技术进步，产业融合发展对从业者也提出了更高要求。一方面，航旅企业要建立内部培训制度，提高员工对航空旅游知识的理解；另一方面，建立专门的实践基地，培养航旅人才。

7.2.2.7 拓宽航空和旅游融合路径

在航空产业和旅游产业融合过程中，一方面，要结合企业发展需求寻找融合路径；另一方面，也要敢于创新，打破既有的产业融合路径，创新融合渠道和路径，创造新的航旅业态和商业模式。在宏观层面，航空产业和旅游产业融合已经上升到国家战略，在多个政策文件中都指出要加强航旅产业融合。在发展过程中，政府和行业组织要及时协调管理，积极探索航空和旅游产业融合的新路径，实现产业价值链增值。在微观层面，航空和旅游产业融合需要相关企业的合作，航旅企业要提高对市场需求把握的敏感度，结合市场和企业自身优势，探索适合自身发展的航旅融合路径。航旅融合的目的是增加航旅产品供给、营造新的消费场景、创新商业模式，为消费者提供更好的产品和服务，最终实现产业价值链增值，提高企业竞争力。

7.3 研究局限与展望

通过理论分析与案例研究，本文探索了航空和旅游产业融合的动因、路径和模式，并构建了相应的理论分析模型，在丰富理论研究和解决现实问题上都有一定的贡献与启示。但由于研究水平、研究时间和调研对象等方面的限制，本研究仍不可避免地存在一定的不足之处，还需要在未来的研究中进行深入探索。

7.3.1 研究局限

本文的研究局限主要包括：

（1）由于航空产业和旅游产业融合的动因、路径和模式等难以量化计算，本研究主要是基于文献研究、理论分析和案例研究对航空和旅游产业融合的动因、路径和效应等进行了探究。一是，后续可采用定量分析对航空和旅游产业融合动因进行实证研究，进行理论验证分析。二是，未来可采用定量研究方法对航空和旅游产业融合的效应进行实证分析，探究二者融合产生的具体效应。

（2）航空和旅游产业融合的动因和模式多样，本研究只从宏观层面对航空产业和旅游产业的动因、路径和模式进行了分析，缺少对不同融合模式、动因的微观分析，未来可选取具体的航旅企业进行深入探究，剖析企业微观层面的航旅融合动因、模式的内在作用机理，对相关的动因和路径开展精细化的研究。

7.3.2 研究展望

本研究主要对航空和旅游产业融合的动因、路径和模式进行了探究。未来可以从以下几个方面对航空和旅游产业融合的相关议题进行深入探究：

（1）航空产业和旅游产业融合动因涉及很多因素，未来可运用复杂系统理论对航空和旅游产业融合的动因进行研究。

（2）随着技术进步、消费结构转变等，航空和旅游产业的融合动因和路径也会发生变化，会涌现出更多新的航空产业和旅游产业融合模式，因此后续需要对航空产业和旅游产业融合的动因、路径和模式等进行及时的跟踪研究。

（3）本研究未对航空和旅游产业融合的效应进行实证分析，未来可采用定量研究对融合的经济效应、社会效益等进行量化分析。

（4）本研究主要是基于产业融合理论、价值链理论对航空和旅游产业的融合进行研究，航空和旅游产业融合还涉及航线规划、机场建设、市场分析、政策体系等各个方面，因此本研究得出的动因、模式和路径具有一定的局限性。后续可在本研究所构建的模型基础上，进行更加全面的研究。

参考文献

一、中文参考文献

[1] 白杨敏，李炎，黄锦鹏．基于创新生态系统视角的航空产业发展路径研究——以天津航空产业为例［J］．科技与经济，2020（10）：36-41.

[2] 曹世武，郑向敏．旅游产业融合动力机制研究——博弈论的解释框架［J］．求索，2011（12）：5-7.

[3] 陈青．基于价值链理论的服务型企业升级研究［J］．科技管理研究，2012，32（14）：144-148.

[4] 单元媛，赵玉林．国外产业融合若干理论问题研究进展［J］．经济评论，2012（5）：152-160.

[5] 但红燕，徐武明．旅游产业与文化产业融合动因及其效应分析——以四川为例［J］．生态经济，2015，31（7）：110-113，117.

[6] 党亚茹，陈韦宏．基于中国优秀旅游城市的航空客运网络分析［J］．旅游学刊，2011，26（2）：13-19.

[7] 丁雨莲，赵媛．旅游产业融合的动因、路径与主体探析——以深圳华强集团融合发展旅游主题公园为例［J］. 人文地理，2013，28（4）：

126–131.

[8] 董亚娟 . 国外近 30 年旅游交通研究述评与展望 [J] . 社会科学家，2016 (8)：89–93.

[9] 杜美龄，孙根年 . 30 年来国际“贸易—交通—旅游”(3T) 互动的统计分析 [J] . 人文地理，2015，30 (2)：155–160.

[10] 房奇 . 民航交通与旅游业发展关系的研究——基于我国地级城市层面数据的研究 [D] . 东北财经大学，2019.

[11] 冯雪飞，董大海 . 案例研究法与中国情境下管理案例研究 [J]. 管理案例研究与评论，2011 (6)：236–241.

[12] 付帼，卢小丽，武春友 . 机场与旅游业发展的耦合关联分析 [J] . 旅游论坛，2018，11 (6)：135–145.

[13] 付业勤，郑向敏 . 旅游与会展产业的融合：产业价值链分析、路径与对策 [J]. 西北农林科技大学学报（社会科学版），2014，14 (2)：146–153.

[14] 高凌江，夏杰长 . 中国旅游产业融合的动力机制、路径及政策选择 [J] . 首都经济贸易大学学报，2012 (2)：52–57.

[15] 龚艳 . 旅游业与金融业融合：影响因素，模式及路径 [J] . 云南民族大学学报（哲学社会科学版），2015，32 (5)：115–120.

[16] 郭建科，王绍博，李博等 . 哈大高铁对东北城市旅游经济联系的空间影响 [J] . 地理科学，2016，36 (4)：521–529.

[17] 郭向阳，穆学青，明庆忠，丁正山 . 旅游地交通服务功能与旅游强度协调时空分异特征——以云南省为例 [J] . 自然资源学报，2020，35 (6)：1425–1444.

[18] 何调霞，黄成林，梁双波 . 中国旅游业发展与航空运输业关联分析 [J] . 热带地理，2007，27 (4)：332–336.

［19］何卫华，熊正德．数字创意产业的跨界融合：内外动因与作用机制［J］．湖南社会科学，2019（6）：86–96.

［20］侯兵，杨君，余凤龙．面向高质量发展的文化和旅游深度融合：内涵、动因与机制［J］．商业经济与管理，2020（10）：86–96.

［21］胡晨寒，常莉．文化产业和旅游产业融合的三维动力系统［J］．宁波工程学院学报，2020，32（2）：82–87.

［22］胡道华，赵黎明．我国旅游业与民航客运业相关性研究及启示［J］．中国流通经济，2011（9）：77–81.

［23］胡浩，徐建伟．中国航空自由化探索的机遇分析——基于后金融危机时代并购热潮的思考［J］．北京航空航天大学学报（社会科学版），2014，27（4）：62–66+74.

［24］胡学英．江西航空产业发展的基础、挑战与对策［J］．工信财经科技，2021（2）：88–95.

［25］胡志菊，罗经德．价值链、产业链和供应链的概念和关系探究［J］．现代物流，2021（10）：58–61.

［26］黄继元．旅游企业在旅游产业价值链中的竞争与合作［J］．经济问题探索，2006（9）：97–101.

［27］黄金利，沈丹阳，李微微．航空旅游的内涵，分类与发展探讨［J］．科技视界，2015（27）：55–56.

［28］黄群慧，倪红福．基于价值链理论的产业基础能力与产业链水平提升研究［J］．经济体制改革，2020（5）：11–21.

［29］黄先开．新时代文化和旅游融合发展的动力、策略与路径［J］．北京工商大学学报（社会科学版），2021，36（4）：1–8.

［30］戢晓峰，刘传颖，李杰梅．旅游业驱动的区域航空网络时空演化特征［J］．经济地理，2017，37（11）：205–212.

[31] 江金波．旅游产业融合的动力系统及其驱动机制框架——以佛山陶瓷工业旅游为例[J]．企业经济，2018，37（5）：5-13.

[32] 姜永常．旅游产业融合发展的动力，机制与策略研究——以文化旅游业为例[J]．哈尔滨商业大学学报（社会科学版），2013（4）：107-112.

[33] 靳晓婷，惠宁．乡村振兴视角下的农村产业融合动因及效应研究[J]．行政管理改革，2019（7）：68-74.

[34] 李保超，王朝辉，李龙，等．高速铁路对区域内部旅游可达性影响——以皖南国际文化旅游示范区为例[J]．经济地理，2016，36（9）：182-191.

[35] 李佳丽，吴晋峰，周芳如，等．世界主要旅游国家和地区航空通达性对比分析[J]．河南科学，2016，34（8）：1386-1393.

[36] 李佳诺．旅游和文化创意产业融合发展路径研究——以广州市为例[J]．黑龙江生态工程职业学院学报，2021，34（6）：52-57.

[37] 李天元．旅游学概论[M]．天津，南开大学出版社，2020：153.

[38] 李文川，冯良清．江西省航空产业协同创新的现状及路径研究[J]．南昌航空大学学报（社会科学版），2014，16（3）：56-61.

[39] 李学军，谷鹏．基于价值链理论的文化产业发展路径研究[J]．商业经济研究，2015（32）：124-126.

[40] 李兴旺，张敬伟，李志刚，高峰．行动研究：我国管理学理论研究面向实践转型的可选路径[J]．南开管理评论，2021，24（1）：181-191，201，232-233.

[41] 李在军．冰雪产业与旅游产业融合发展的动力机制与实现路径探析[J]．中国体育科技，2019，55（7）：56-62+80.

［42］厉无畏，王慧敏．产业发展的趋势研判与理性思考［J］．中国工业经济，2002（4）：5–11.

［43］刘名俭，唐静．旅游产业竞争力提升的动力机制研究［J］．经济管理，2010（12）：104–110.

［44］刘云霞，尹寿兵．国外航空旅游业研究综述与启示［J］．热带地理，2013，33（3）：356–362.

［45］卢竹，罗能生．区域民航产业与旅游产业的耦合关系研究——以湖南省为例［J］．云梦学刊，2016，37（5）：98–102.

［46］陆国庆．产业创新：衰退产业中企业的制胜战略［J］．现代管理科学，2001（2）：11–12.

［47］罗奕．产业融合理论及其经济效果［J］．时代经贸，2007，5（61）：37–38.

［48］麻学锋，张世兵，龙茂兴．旅游产业融合路径分析［J］．经济地理，2010，30（4）：678–681.

［49］马胜清．文化产业与旅游产业融合机理及经济效应［J］．社会科学家，2021（5）：101–106.

［50］庞赋文，任淑红，方鹏亚，王秀红．基于软系统方法论的我国通用航空产业发展的分析［J］．价值工程，2019，38（19）：13–16.

［51］潘善琳，崔丽丽．SPS 案例研究方法：流程、建模与范例［M］．北京大学出版社，2016：7.

［52］齐坤山，师守祥．构成、融合、符号化：旅游产业界定的三重概念［J］．旅游论坛，2016，9（1）：14–19.

［53］钱小林．产业融合理论分析［J］．湖南科技学院学报，2011，32（2）：98–99.

［54］黄继元．产业价值链视角下的旅游产业与文化产业融合机制研

究［J］. 云南开放大学学报，2018，20（1）：59–64.

［55］邵金萍. 对现代旅游产业几个基本问题的再认识［J］. 经济纵横，2012（1）：80–83.

［56］沈则瑾. 春秋国旅：拼搏三十载奋力创佳绩［N］. 经济日报，2011–04–21（015）.

［57］施曼，文锦达. 文化产业融合发展动力机制研究——以内蒙古为例［J］. 财经理论研究，2021（5）：33–43.

［58］斯丹纳·苛费尔，斯文·布林克曼. 质性研究访谈［M］. 范丽恒，译. 北京：世界图书出版公司北京公司，2013：196–198.

［59］苏建军，刘义花，于正松. 中国民航业 25 年发展与巨变对旅游业影响的动态分析［J］. 科技和产业，2014，14（2）：10–24.

［60］孙华平，周谛. 区域通用航空产业创新发展路径研究［J］. 天津商业大学学报，2020（11）：8–16.

［61］唐勇，傅滢滢，王尧树. 四川航空口岸与国际旅游目的地建设协同发展研究［J］. 西安航空技术高等专科学校学报，2019，37（4）：58–64.

［62］田里，张鹏杨. 旅游产业融合的文献综述与研究框架构建［J］. 技术经济与管理研究，2016（9）：119–123.

［63］王朝辉. 产业融合拓展旅游发展空间的路径与策略［J］. 旅游学刊，2011，26（6）：6–7.

［64］王冠云. 航空运输对旅游导向型城市的贡献分析及发展建议——以云南丽江为例［J］. 空运商务，2011（9）：15–18.

［65］王姣娥，王涵，焦敬娟. 中国航空运输业与旅游业发展水平关系测度［J］. 地理科学，2016，36（8）：1125–1133.

［66］王敏. 西部民族地区民航运输与旅游互动发展的探讨［D］. 长

沙，中南林业科技大学，2007.

［67］王敏．西部民族地区民航运输与旅游互动发展的探讨［J］．西南民族大学学报（人文社会科学版，2015，36（11）：151–155.

［68］王兆峰．入境旅游流与航空运输网络协同演化及差异分析——以西南地区为例［J］．地理研究，2012，31（7）：1328–1338.

［69］王兆杰，谢雨萍，梁姣．低空旅游产业链的形成机制分析［J］．旅游纵览，2021（4）：122–124.

［70］望庆玲，孙军，顾敏．文化产业与旅游产业深度融合的动力机制与发展路径［J］．科技和产业，2021，21（5）：115–120.

［71］魏敏，徐杰．旅游业和制造业融合协同发展的动力机理与路径研究［J］．泰山学院学报，2021，43（1）：48–53.

［72］吴金明，邵昶．产业链形成机制研究——“4+4+4”模型［J］．中国工业经济，2006（4）：36–43.

［73］肖建勇，郑向敏．旅游产业融合：动因、机理与效应［J］．商业研究，2012（1）：172–175.

［74］杨贵山．航空旅游与航空运输的协同发展［J］．中国民用航空，2011（11）：39–43.

［75］杨慧，刘根．从价值链角度架构零售业竞争力［J］．当代财经，2007（12）：67–70.

［76］杨彦锋．互联网技术成为旅游产业融合与新业态的主要驱动因素［J］．旅游学刊，2012，27（9）：27–28.

［77］杨懿，时蓓蓓．健康旅游产业融合发展：动力，机理与路径［J］．湖湘论坛，2020，33（5）：126–135.

［78］杨勇，隋东．我国低空空域改革和通用航空事业发展有关问题的思考［J］．南京航空航天大学学报（社会科学版），2010，12（2）：

50–53.

［79］杨长春，方玺．基于 VAR 模型的国际航空客运运输与旅游服务贸易关系的实证分析［J］．国际商务（对外经济贸易大学学报），2014（6）：49–58.

［80］杨仲元，卢松．交通发展对区域旅游空间结构的影响研究——以皖南旅游区为例［J］．地理科学，2013，33（7）：806–814.

［81］郁义鸿．产业链类型与产业链效率基准［J］．经济与管理研究，2005（11）：25–30.

［82］占佳．旅游产业范围界定应从基本概念入手［J］．旅游学刊，2007，22（12）：9–10.

［83］张海洲，陆林，贺亚楠．产业链旅游：概念内涵与案例分析［J］．世界地理研究，2020，29（5）：1006–1016.

［84］张阳，龚先洁，卢娜，等．西安通用航空旅游产品谱系构建与评价研究［J］．河南科学，2018，36（1）：129–135.

［85］张阳，靳雪，高启明．“一带一路”背景下的新疆国际航空客运与旅游服务贸易的动态相关研究［J］．甘肃科学学报，2020，32（5）：129–136.

［86］张阳，靳雪，卢娜．陕西民航客运与地区国际旅游间的动态影响研究［J］．河南科学，2019，37（8）：1351–1358.

［87］张樱子．景德镇陶瓷文化产业和旅游产业融合发展模式的研究［J］．陶瓷，2021（8）：137–139.

［88］赵黎明．经济学视角下的旅游产业融合［J］．旅游学刊，2011，26（5）：7–8.

［89］赵书虹，陈婷婷．民族地区文化产业与旅游产业的融合动力解析及机理研究［J］．旅游学刊，2020，35（8）：81–93.

［90］赵小芸．旅游产业的特殊性与旅游产业链的基本形态研究［J］．上海经济研究，2010（6）：42-47.

［91］赵维田．论双边航空协定的三种模式［J］．法学研究，1988（2）：90-96.

［92］植草益．信息通讯业的产业融合［J］．中国工业经济，2001（2）：24-27.

［93］钟皓凡．广西旅游交通与旅游经济相关性分析［J］．湖南工业职业技术学院学报，2020，20（3）：30-35.

［94］周路明．关注高科技“产业链”［J］．深圳特区科技，2001（6）：10-11.

［95］周军培．甘肃省民航运输业与旅游业融合发展分析［J］．综合运输，2021，43（7）：210-124.

［96］周宇，惠宁．试论产业融合的动因，类型及其对经济发展的影响［J］．山西师大学报社会科学版，2014，41（5）：56-60.

［97］朱晨波．全球民航业发展形势判断及我国民航业提升竞争力举措［J］．交通与港航，2019，6（1）：34.

［98］朱昊明．以体育特色小镇建设为契机深化体育产业供给侧改革研究——以荆门爱飞客航空运动休闲特色小镇为例［J］．体育世界（学术版），2019（5）：40-41.

［99］朱佳．区域经济发展视角下我国民航区域市场需求分析及发展政策研究［J］．特区经济，2011（12）：229-232.

［100］朱煜明，闫文琪，刘阳．全球价值链下陕西航空产业升级影响因素分析［J］．北京航空航天大学学报（社会科学版），2017，30（5）：59-64.

［101］邹建军．新常态下旅游业与民航业的融合发展的思考［J］．旅

游行业评论，2015（31）：66–73.

［102］邹建军.新常态下旅游业与民航业的融合发展的思考［J］.中国民用航空，2016（1）：25–28.

二、英文参考文献

［1］Alsumairi M.，Tsui K.. A case study：The impact of low–cost carriers on inbound tourism of Saudi Arabia［J］. Journal of Air Transport Management，2017，62（Jul.）：129–145.

［2］ATAG（2020）. Aviation benefits beyond borders. Geneva：Air Transport Action Group.

［3］ATAG（2020）. Aviation benefits beyond borders. Geneva：Air Transport Action Group.

［4］Bieger T.，Wittmer A.. Air transport and tourism—perspectives and challenges for destinations，airlines and governments［J］. Journal of Air Transport Management. 2006，12（1）：40–46.

［5］Boonekamp T.，Zuidberg J.，Burghouwt G.. Determinants of air travel demand：The role of low–cost carriers，ethnic links and aviation–dependent employment［J］. Transportation Research Part A：Policy and Practice，2018，112（Jun.）：18–28.

［6］Brugnoli A.，Bianco A D.，Martini G.，et al. The impact of air transportation on trade flows：A natural experiment on causality applied to Italy［J］. Transportation Research Part A：Policy and Practice，2018，112（Jun.）：95–107.

［7］Chang L. Y.，Sun P. Y.. Stated–choice analysis of willingness to pay for low cost carrier services [J] . Journal of Air Transport Management, 2012, (20): 15–17.

[8] Cho S. H., Ali F., Manhas P. S.. Examining the impact of risk perceptions on intentions to travel by air: A comparison of full–service carriers and low–cost carriers [J] . Journal of Air Transport Management, 2018, (71): 20–27.

[9] Christer Thrane. Examining tourists' long–distance transportation mode choices using a multinomial logit regression model [J] .Tourism Management Perspectives, 2015, (15): 115–121.

[10] Climent Guitart. UK charter flight package holidays to the Mediterranean: 1970–1978 A statistical analysis [J] .Tourism Management, 1982, (3): 16–39.

[11] Currie C., Falconer P.. Maintaining sustainable island destinations in Scotland: The role of the transport–tourism relationship [J] . Journal of Destination Marketing & Management, 2014, 3 (3): 162–172.

[12] Debbage G. K.. Airport runway slots, limits to growth [J] . Annals of Tourism Research, 2002, 29 (4): 933–951.

[13] Divisekera Sarath. Interdependencies of demand for international air transportation and international tourism [J] . Tourism Economics, 2016, 22 (6): 1191–1206.

[14] Dobruszkes F., Mondo U. V.. Aviation liberalization as a means to promote international tourism: The EU–Morocco case [J] . Journal of Air Transport Management, 2013, (29): 43–47.

[15] Dobruszkes F., Mondou V., Ghedira A.. Assessing the impacts of aviation liberalisation on tourism: Some methodological considerations

derived from the Moroccan and Tunisian cases [J] . Journal of Transport Geography, 2016, 50 (Jan.): 115–127.

[16] Donzelli M.. The effect of low–cost air transportation on the local economy: Evidence from Southern Italy [J] . Journal of Air Transport Management, 2010, 16 (3): 121–126.

[17] Duval D. T.. Critical issues in air transport and tourism [J] . Tourism Geographies, 2013, 15 (3): 494–510.

[18] Eden C., Huxham C. Action Research for Management Research [J] . British Journal of Management, 1996, 7 (1): 75–86.

[19] Efthymiou M., Arvanitis P., Papatheodorou A.. Institutional changes and dynamics in the European aviation sector: Implications for tourism. In N. Pappas, & I. Bregoli (Eds.), Global dynamics in travel, tourism and hospitality, 2016, 41–57.

[20] Eisenhardt K M., Graebner M E. Theory building from cases: opportunities and challenges [J] . Academy of Management Journal, 2007, 50 (1): 25–32.

[21] Eugenio–Martin Juan L., Perez–Granja Ubay. Have low–cost carriers crowded out full services and charter carriers in tourism destinations? A trivariate structural time series analysis [J] . Journal of Travel Research, 2021, 60 (4): 810–832.

[22] Forsyth P.. Environmental and financial sustainability of air transport: Are they incompatible? [J] . Journal of Air Transport Management, 2011, (17): 27–32.

[23] Forsyth P.. Martin Kunz Memorial Lecture. Tourism benefits and aviation policy [J] . Journal of Air Transport Management, 2006, 12 (1):

3–13.

［24］Graham A. Have the major forces driving leisure airline traffic changed?［J］. Journal of Air Transport Management，2006，12（1）：14–20.

［25］Graham A.，Dennis N.. The impact of low cost airline operations to Malta［J］. Journal of Air Transport Management，2010，16（3）：127–136.

［26］Hacklin F.，Raurich V.，Marxt C.. Implications of technological convergence on innovation trajectories：the case of ICT industry［J］. International Journal of Innovation and Technology Management，2005，2（3）：313–330.

［27］Hakim M. M.，Merkert R.. The causal relationship between air transport and economic growth：Empirical evidence from South Asia［J］. Journal of Transport Geography，2016，（56）：120–127.

［28］Halpern N.，Graham A. Airport route development：A survey of current practice［J］. Tourism Management，2015，（46）：213–221.

［29］Halpern N.，Graham A.. Factors affecting airport route development activity and performance［J］. Journal of Air Transport Management，2016，（56）：69–78.

［30］Hong Tsui K. W.. Does a low-cost carrier lead the domestic tourism demand and growth of New Zealand?［J］. Tourism Management，2017，（60）：390–403.

［31］Hu Y.，Xiao J.，Deng Y.，et al. Domestic air passenger traffic and economic growth in China：Evidence from heterogeneous panel models［J］. Journal of Air Transport Management，2015，（42）：95–100.

[32] Ivanovic S., Vucenovic D., Baresa S.. Impact of low-cost air travel on tourism economy in zadar county [J] . UTMS Journal of Economics, 2014, 5 (1): 113–120.

[33] Jin Y. C., Whang T.. The impact of low cost carriers on Korean Island tourism [J] . Journal of Transport Geography, 2011, 19 (6): 1335–1340.

[34] Juan Gabriel Bridam, Manuela Deidda, Manuela Pulina. Tourism and transport systems in mountain environments: analysis of the economic efficiency of cableways in South Tyrol [J] .Journal of Transport Geography, 2014, (36): 1–11.

[35] Jung S. Y., Yoo K. E.. Passenger airline choice behavior for domestic short-haul travel in South Korea [J] . Journal of Air Transport Management, 2014, (38): 43–47.

[36] Kaspar C. The competitiveness of long haul destinations. 35th AIEST Congress Publication. In: AIEST (Eds.), Competitiveness of Long Haul Tourist Destinations. St. Gallen, AIEST, 1993.

[37] Keshavarzian P., Wu C. L.. Exploring the effect of sequentially receiving airline and destination information on the choice behavior of tourism destinations [J] . Journal of Travel Research, 2020, 60 (2): 251–266.

[38] Khan S. R., Qianli D., Songbo W., et al. Travel and tourism competitiveness index: The impact of air transportation, railways transportation, travel and transport services on international inbound and outbound tourism [J] . Journal of Air Transport Management, 2017, (58): 125–134.

[39] Koo T. T., Wu C. L. R., Dwyer L.. Transport and regional

dispersal of tourists: Is modal substitution a source of conflict between low-fare air services and regional dispersal? [J] . Journal of Travel Research, 2010, 49 (1): 106-120.

[40] Koo T., Papatheodorou A.. Spatial evolution of airports: A new geographical economics perspective. In J. Bitzan, J. Peoples (Eds.), Airport economics -Advances in airline economics series, 2017, (6): 237-261.

[41] Koo T., Rashidi T. H., Park J. W., et al. The effect of enhanced international air access on the demand for peripheral tourism destinations: Evidence from air itinerary choice behaviour of Korean visitors to Australia [J] . Transportation Research Part A Policy & Practice, 2017, (106): 116-129.

[42] Liasidou S.. Decision-Making for tourism destinations: Airline strategy influences [J] . Tourism Geographies, 2013, 15 (3): 511-528.

[43] Lohmann G., Vianna C.. Air route suspension: The role of stakeholder engagement and aviation and non-aviation factors [J] . Journal of Air Transport Management, 2016, 53 (Jun.): 199-210.

[44] Lohmann G., Albers S., Koch B., et al. From hub to tourist destination – An explorative study of Singapore and Dubai's aviation-based transformation [J] . Journal of Air Transport Management, 2009, 15 (5): 205-211.

[45] Lorenzo Masiero, Judit Zoltan. Tourists intra-destination visits and transport model: A bivariante probit model [J] . Annals of Tourism Research, 2013, (43): 529-546.

[46] Martinez-Garcia E., Ferrer-Rosell B., Coenders G.. Profile of

business and leisure travelers on low cost carriers in Europe [J] . Journal of Air Transport Management, 2012, (20): 12–14.

[47] Molnar E. I., Moraru R. C.. Strategic and operational challenges for tourist air transport [J] . Knowledge Horizons – Economics, 2015, 7 (4): 60–64.

[48] O'Connell J F. Airlines: an inherently turbulent industry. In: O'Connell, J.F., Williams, G. (Eds.), Readings in Air Transport in the 21st Century: Key Strategic Developments. Ashgate Publishing Limited, Surrey, England, 2011, 59–96.

[49] O'Connell J. F., Bouquet A.. Dynamic packaging spells the end of European charter airlines [J]. Journal of Vacation Marketing, 2014, 21 (2): 175–189.

[50] Papatheodorou A. A review of research into air transport and tourism [J] . Annals of Tourism Research, 2021, 87 (4): 103–151.

[51] Papatheodorou A.. Civil aviation regimes and leisure tourism in Europe [J] . Journal of Air Transport Management, 2002, 8 (6): 381–388.

[52] Porter M. E.. Competitive advantage, creating and sustaining superior performance [M] .New York: The Free Press, 1985.

[53] Pulina M., Cortes–Jimenez I. Have low–cost carriers influenced tourism demand and supply? The case of Alghero, Italy [J] . Tourism Analysis, 2010, 15 (6): 617–635.

[54] Rey B., Myro R. L., Galera A.. Effect of low–cost airlines on tourism in Spain. A dynamic panel data model [J] . Journal of Air Transport Management, 2011, 17 (3): 163–167.

[55] Rosenfeld Stuart A. Bringing business clusters into the mainstream of economic development [J] . European planning studies, 1997, 5 (1): 3–23.

[56] Samadi Mansour, Ahang Majid. The relationship between Iranian airlines and travel agencies: A comprehensive relationship marketing model [J] . Journal of Economic & Management Perspectives, 2018, 12 (2): 76–93.

[57] Sengür F. K., Hemdil O., Ajanovic E., et al. International air transport and inbound tourism interaction: the case of Istanbul. In: Proceedings of the International Antalya Hospitality Tourism and Travel Research Conference. Department of Air Transportation Management Faculty of Aeronautics and Astronautics Anadolu University, Antalya, Turkey [C] . 2014, 371–390.

[58] Shaw S.. Airline deregulation and the tourist industry [J] . Tourism Management, 1982, 3 (1): 40–51.

[59] Signorini A, Pechlaner H, Rienzner H. The impact of low fare carrier on a regional airport and the consequences for tourism—the case of Pisa. In: Bieger, T., Keller, P. (Eds.), Air Transport and Tourism. St. Gallen, AIEST, 2002.

[60] Smith Andrew. Effects of low cost airlines on efforts to develop cultural heritage tourism [J] . Anatolia, 2009, 20 (2): 289–306.

[61] Smith D. W., Morrell P. Air transport liberalisation and traffic growth in tourism–dependent economies: A case–history of some US–Caribbean markets [J] . Journal of Air Transport Management, 2008, 14 (2): 82–91.

[62] Spasojevic B，Gui L，Scott N. We hear voices：Airline，airport and tourism stakeholders on the role of governance and leadership in air route development [C] // CAUTHE 2017：Time For Big Ideas? Re–thinking The Field For Tomorrow. 2017.

[63] Tovar B.，Martin–Cejas R. R. Technical efficiency and productivity changes in Spanish airports：A parametric distance functions approach [J] . Transportation Research Part E Logistics and Transportation Review，2010，46（2）：249–260.

[64] Vera Rebollo J. F.，Ivars Baidal J. A.. Spread of low–cost carriers：Tourism and regional policy effects in Spain [J] . Regional Studies，2009，43（4）：559–570.

[65] Vieira J.，Camara G.，Silva F.，et al. Airline choice and tourism growth in the Azores [J] . Journal of Air Transport Management，2019，（77）：1–6.

[66] Wang K.，Tsui W.，Li L. B.，et al. Entry pattern of low–cost carriers in New Zealand–The impact of domestic and trans–Tasman market factors [J] . Transport Policy，2020，（93）：36–45.

[67] Whyte R.，Prideaux B.. Impacts of low cost carriers on regional tourism. Paper presented at the CAUTHE 2007：Tourism e Past achievements，future challenges（Sydney，Australia）. 2007.

[68] Williams A. M.，Balaz V.. Low–cost carriers，economics of flows and regional externalities [J] . Regional Studies，2009，43（5）：677–691.

[69] Williams G. Airline competition：Deregulation's mixed legacy. Farnham：Ashgate Publishing，2002.

［70］Yarde K.，Jonsson C.. Implications for CARICOM member states in the search for a ‘liberally controlled’ air transport market：the case of regional tourism to Barbados［J］. Journal of Air Transport Management. 2016，（53）：12–22.

［71］Yin R. K. Case study research：design and methods（3nd edition）［M］. London：Sage Publications，Beverly Hills，CA，2002.

［72］Yoffie D. B.. Introduction：Chess and competing in the age of digital convergence［C］// Yoffie D B（ed.）. Competing in the age of digital convergence. Boston，1997，3.

［73］Yordanov D.. Low–cost air carriers as a factor for developing sustainable regional tourism［J］. Trakia Journal of Sciences，2019，（17）：541–547.

［74］Zhang Y.，Findlay C.. Air transport policy and its impacts on passenger traffic and tourist flows［J］. Journal of Air Transport Management，2014，（34）：42–48.

三、网址及其他类型的参考文献

［1］2019 年民航行业发展统计公报

［2］2020 年民航行业发展统计公报

［3］ATAG（2020）. Aviation benefits beyond borders. Geneva：Air Transport Action Group.

［4］中国春节将成全球黄金周 出境旅游人次将超 600 万 – 新华网（xinhuanet.com）

［5］【湖南省文旅厅】航空 + 旅游 为“锦绣潇湘 ”插上翅膀，http://

www.anhua.gov.cn/16/17/21/content_605744.html

［6］青海省文化和旅游厅推动“旅游＋航空”融合发展，https://www.mct.gov.cn/whzx/qgwhxxlb/qh/202005/t20200509_853188.htm

［7］“飞天号”“如意号”助力航旅融合插上腾飞翅膀，https://baijiahao.baidu.com/s?id=1705402195212489509&wfr=spider&for=pc

［8］首都航空与途牛战略携手共创航空旅游新模式－航旅网，http://www.airtra.cn/aviation/hlzx-aviation/19280.html

［9］携程入股东航，布局旅游生态圈--IT--人民网，http://it.people.com.cn/big5/n1/2016/0711/c1009-28541605.html

［10］上航旅游与中联航签署战略合作 推进“航空＋旅游”跨界融合，https://baijiahao.baidu.com/s?id=1674152333657113790&wfr=spider&for=pc

［11］中国旅行社协会航空旅游分会正式成立－协会新闻－中国旅行社协会，http://www.cats.org.cn/index.php?m=content&c=index&a=show&catid=7&id=215

［12］2021 中国航空旅游融合发展高峰论坛在南昌召开，https://new.qq.com/rain/a/20211227A0AQ8G00.html

［13］《关于促进民航业与红色旅游深度融合创新发展的指导意见》正式印发，http://www.caac.gov.cn/XWZX/MHYW/202105/t20210510_207525.html

［14］牡丹江机场：航空＋旅游，发展增添新动能，http://m.haiwainet.cn/middle/3541083/2018/0910/content_31393380_1.html

［15］库尔勒机场积极推进“航空＋旅游”深度融合发展，https://view.inews.qq.com/a/20220114A05DCO00

［16］“航空＋旅游”湖南航空文旅协同发展研讨会召开_大湘网_

腾讯网，https://hn.qq.com/a/20190404/007601.htm

[17] 航空与旅游深度融合是发展新趋势 - 中国经济时报 - 中国经济新闻网，https://lib.cet.com.cn/paper/szb_con/479369.html

[18] 德令哈机场探索“航空 + 旅游”新模式助推产业融合发展 - 海西州人民政府，http://www.haixi.gov.cn/info/4430/221213.htm

[19] 上航旅游与中国联合航空公司签署战略合作协议，https://baijiahao.baidu.com/s?id=1674178213588683845&wfr=spider&for=pc

[20] 国内首家机场内航空科普教育基地——海口航空科技馆将开馆_央广网，https://news.cnr.cn/native/city/20161113/t20161113_523262422.shtml

[21] 雏鹰展翅航空文化科普研学基地建成揭牌 打造中国航空文化研学旅游目的地，https://baijiahao.baidu.com/s?id=1665208926117453918&wfr=spider&for=pc

[22] 新加坡怎么玩，新加坡机场附近住宿，机场娱乐休闲 - 新加坡樟宜机场官网，https://cn.changiairport.com/attractions-and-services.html#shop-position

[23] 新加坡樟宜机场 - Visit Singapore 官方网站 https://www.visitsingapore.com.cn/travel-guide-tips/travelling-to-singapore/changi-airport-singapore/

[24] 免费新加坡之旅 | 新加坡樟宜机，https://www.changiairport.com/zh/airport-guide/facilities-and-services/free-singapore-tour.html

[25] 首届大兴航空旅游节正式开幕，https://view.inews.qq.com/k/20210906A0F14Z00?web_channel=wap&openApp=false

[26] 荆门爱飞客运动休闲特色小镇 给荆门注入“飞”的力量 https://www.sohu.com/a/207394252_692799

［27］阿坝红原机场“三个高度”大力发展通航产业，http://gzw.sc.gov.cn/scsgzw/c100115/2020/8/12/1bfa32be90f5430e8c19e3265d227ad7.shtml

［28］扬州泰州国际机场在泰州发布航空研学旅游产品 _ 合作 _ 扬泰 _ 市场，https://www.sohu.com/a/511037039_121117454

［29］Urlaub & Reisen direkt beim Reiseveranstalter buchen – TUI.com https://www.tui.com/

［30］途易：受 737MAX 影响，2019 财年 Q3 利润下降，https://baijiahao.baidu.com/s?id=1641828618234524768&wfr=spider&for=pc

［31］泰国国际航空公司，https://baike.baidu.com/item/%E6%B3%B0%E5%9B%BD%E5%9B%BD%E9%99%85%E8%88%AA%E7%A9%BA%E5%85%AC%E5%8F%B8/2944703?fromtitle=%E6%B3%B0%E5%9B%BD%E8%88%AA%E7%A9%BA&fromid=6100818&fr=aladdin

［32］泰航“风兰假期”6 月推出新优惠 – 世界游网 World Travel Online ，http://lvyou168.cn/sight_info/20090209/20554.html

［33］泰国 给你一个挥杆的理由 _ 新浪尚品 _ 新浪网，http://style.sina.com.cn/news/2008–11–27/111025732.shtml

［34］Company Profile | Thai Airways，https://www.thaiairways.com/zh_CN/about_thai/company_profile/index.page?

［35］春秋航空：预计 2021 年净利润 3500 万元 –5200 万元，扭亏为盈，https://baijiahao.baidu.com/s?id=1723107290702530014&wfr=spider&for=pc

［36］中国民航总局局长杨元元记者招待会（全文），http://news.sohu.com/2004/01/15/86/news218578681.shtml

［37］见证中国民航快速发展史，春秋航空迎来 16 岁生日，https://

wenhui.whb.cn/third/baidu/202107/19/414636.html

［38］首旅如家与春秋集团强强联合，打造航旅特色机场连锁酒店新品牌！_合作，https://www.sohu.com/a/253550757_691563

［39］春秋集团和首旅如家联手开酒店，空姐要当酒店前台，https://baijiahao.baidu.com/s?id=1637641420924393645&wfr=spider&for=pc

［40］春秋集团、首旅如家携手打造旗下首个交通枢纽酒店－春秋航空网，https://news.ch.com/news/2019-07-01-00-00.html

［41］2.51亿接手上航国旅65%股权 绿地拟2021年实现旅游业务资产证券化，https://baijiahao.baidu.com/s?id=1628493868034545259&wfr=spider&for=pc

［42］“唯有转型才是生存关键！”这家国企迎来改革三周年，https://baijiahao.baidu.com/s?id=1737641524626245268&wfr=spider&for=pc

［43］暖春行动 | 直击转型中的旅行社：干叫苦无意义 全力转型博得生机，https://baijiahao.baidu.com/s?id=1730977464602160753&wfr=spider&for=pc

［44］上航旅游集团与遵义机场结成战略合作协议－中国民航网，http://www.caacnews.com.cn/1/6/202007/t20200710_1306120.html

［45］湖南航空简介－湖南航空官网，https://www.redair.cn/company/introduction

［46］湖南航空 & 同程旅行会员互通上线 畅享双重权益－湖南航空官网，https://www.redair.cn/doc/detail/247

［47］湖南航空联合同程旅游推出“机＋红色主题游”产品，https://view.inews.qq.com/k/20210611A0042Z00?web_channel=wap&openApp=false

［48］湖南航空联合同程旅游推出“鸿鹄旅行家”－湖南航空官网，

https://www.redair.cn/doc/detail/105

［49］湖南航空打造“空铁联运红色旅游”–中国民航网 http://www.caacnews.com.cn/1/6/202104/t20210422_1323084.html

［50］春秋航空及春秋国旅简介，公司介绍，https://www.ch.com/Static/AboutUs

项目策划： 王　丛
责任编辑： 陈　冰　路雅璇
责任印制： 冯冬青
封面设计： 谭雄军

图书在版编目（CIP）数据

航空和旅游产业融合发展的动因、路径与模式研究 / 侯平平著. -- 北京 : 中国旅游出版社, 2023.1
（中国旅游研究院博士后文库）
ISBN 978-7-5032-7075-8

Ⅰ. ①航… Ⅱ. ①侯… Ⅲ. ①航空运输业—研究—中国②旅游业发展—研究—中国 Ⅳ. ①F561 ②F592.3

中国版本图书馆CIP数据核字（2022）第243975号

书　　名： 航空和旅游产业融合发展的动因、路径与模式研究

作　　者： 侯平平　著
出版发行： 中国旅游出版社
（北京静安东里6号　邮编：100028）
http://www.cttp.net.cn　E-mail:cttp@mct.gov.cn
营销中心电话：010-57377108，010-57377109
读者服务部电话：010-57377151
排　　版： 北京旅教文化传播有限公司
经　　销： 全国各地新华书店
印　　刷： 三河市灵山芝兰印刷有限公司
版　　次： 2023年1月第1版　2023年1月第1次印刷
开　　本： 720毫米×970毫米　1/16
印　　张： 12
字　　数： 200千
定　　价： 48.00元
ISBN 978-7-5032-7075-8
